2024年最新改訂版!

ワード
Word / Excel / PowerPoint

エクセル

パワーポイント

基本の使い方が
ぜんぶわかる本

standards

JN056347

Word

Excel

PowerPoint

Contents

PART 1 Windows 11を使いこなす

PART **2** Wordを使いこなす

PART **3** Excelを使いこなす

PART 4 PowerPointを使いこなす

3つの最強アプリを快適に

←企画書や提案書、報告書などのビジネス書類や論文、レポートなどに幅広く使われています。

→29ページ

Word ワード

**テキスト主体の書類を作成するならこれ!
図形や画像も見栄えよく扱える。**

Excel エクセル

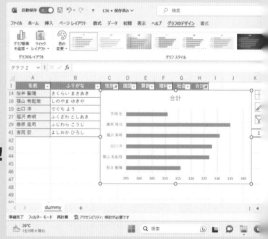

**企業で仕事するなら絶対に必須!
表計算の基本を確実に
マスターしておこう。**

それぞれのアプリで、マスターしておくべき
必須テクニックをわかりやすく解説しました!!

「Word」「Excel」「PowerPoint」は、Microsoft Officeを代表するアプリで、日本で最も多く使われているソフトウェアのひとつです。Windowsのパソコンを買うと、最初からインストールされていることも多く、仕事はもちろん、勉強、趣味などあらゆる分野で使われています。ここでは、3つのアプリの特徴を簡単に説明しましょう。

ワープロアプリである「Word」は、テキストをメインとした文書作成用ツールで、レポートや企画書、論文作成などに幅広く使われています。書式を細かく設定したり、読みにくい漢字にフリガナをつけたり、段組みにしたりと、自由自在に自分好みのテキスト文書を作ることができます。校閲ツールなども備えており、安心して文書作成をすることができます。

「Excel」は、表計算ツールとして圧倒的なシェアを誇り、多くのビジネス現場で、ある程度使いこなせることが必須とされているソフトです。パソコン教室でも、

使いこなそう!

←企業でのプレゼンには
もちろん、ビジュアルとテ
キストで人に伝わりやす
い書類を作成できます。

→119ページ

パワーポイント

PowerPoint

**最強のプレゼンテーション
ツール! 見やすく説得力の
あるスライドを作ろう。**

←見積もり書や原価
計算、経費精算など
毎日のように使う機
会があるアプリです。

→67ページ

ウィンドウズ 11

Windows11

使いやすく、高機能なWindows 11!

←本書ではWindows
11の基本や便利な使
い方も紹介しています。

→13ページ

Excelを教えていないところはないくらいでしょう。ビジ
ネスやプライベートでの、さまざまな計算、表、グラフ
作りに活用されています。非常に奥が深く、上級テク
ニックは数限りなく存在しますが、本書では現場で必
要とされるテクニックを想定してセレクトしています。

　「PowerPoint」は最も一般的なプレゼンテーショ
ンツールとして普及しています。省略して「パワポ」と
も呼ばれます。テキスト、写真、イラストや図を使って、
見栄えがよく説得力のある「スライド」を作成し、ビジ
ネスの場でさまざまな提案を行うことができます。特に

プレゼンが必要でない人にも、テキストとグラフィック
を同時に扱える便利ツールとして人気があります。

　本書では、この3つの代表的なアプリの「最も重要
な機能」をなるべく早く使いこなせるようになることを目
標としています。3つのアプリのすべての機能を網羅
しているわけではありませんが、「ワード・エクセル・パ
ワーポイントをある程度使える人」になるための最短
距離になるような本を目指しました。この3つのアプリ
を使って、パソコンをより便利に使っていきましょう!

キーボードの使い方

Windowsで使うキーボードには、文字入力に直接使うキー以外に、以下のようなキーがあり、さまざまな操作が可能です。画像のキーボードはデスクトップパソコンで使うタイプですが、ノートパソコンではテンキー部分がないものが多いです。

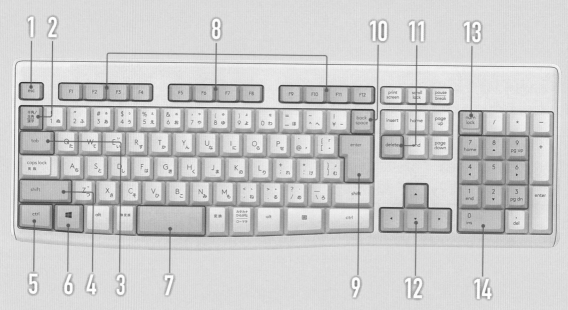

1 エスケープ(Esc)キー
操作を取り消すときに使います

2 半角/全角キー
日本語入力モードと半角英数モードを切り替えます

3 タブ(Tab)キー
入力する場所を移動する際などに使います

4 シフト(Shift)キー
英字を大文字で入力する際に、英字キーと同時に押して使います

5 コントロール(Ctrl)キー
ほかのキーと同時に押すことでさまざまな機能を使うことができます

6 Windowsキー
ほかのキーと同時に押すことでさまざまな機能を使うことができます

7 スペース(Space)キー
空白を入力、また日本語入力時は文字の変換候補を表示します

8 ファンクションキー
アプリごとに割り当てられた機能を実行します

9 エンター(Enter)キー
改行を入力、また文字の変換中は文字を確定します

10 バックスペース(Backspace)キー
カーソルの左側の文字や、選択した図形などを削除します

11 デリート(Delete)キー
カーソルの右側の文字や、選択した図形などを削除します

12 方向キー
カーソル(矢印)キーを移動します。

13 ナムロック(Num lock)キー
オンにすると、テンキー部分で数字を入力することができます

14 テンキー
数字を連続して入力する際などに使います

ショートカットキーとは?

　コントロール(Ctrl)キーやWindowsキーなど、複数のキーを合わせて同時に押すことで、さまざまな別の操作を実行させることができます。詳しくは本書の記事内で解説していますが、たとえば右のような使い方があります。

Ctrl	+	N	新規のファイルを作成します
Ctrl	+	S	ファイルを保存します
Ctrl	+	C	ファイルをコピーします
Windows	+	D	デスクトップを表示します
Alt	+	Tab	開いているアプリを切り替えます

Officeはどれを選ぶべき?

サブスクリプションと、買い切り型があるが……

　Officeが付いていないパソコンを買ったときなどは、別途Officeを購入する必要があります。

　具体的には「Microsoft 365 Personal」か「Office Home & Business 2021」の2択になる方が大半だと思いますので、その2製品に的を絞って内容を説明します。

　なお、Office製品のプロダクトキーが破格で売られていることもありますが、非正規品である可能性が高いです。インストールや認証ができないなど、トラブルに見舞われるケースがあるため、購入は控えましょう。

Microsoft 365 Personal

　月額または年額を支払うことで利用できる、サブスクリプションモデルを採用しています。すべてのOfficeアプリが利用できる、インストールできるデバイスの台数に制限がない、各アプリに新機能が追加されると利用できる、1TBのオンラインストレージが使える、といったメリットがあります。Officeを使いたいすべての方に役立つ製品です。

Windows 10／11対応

価格	1万4,900円(年間契約の場合/税込)
ライセンス	1カ月または1年間から選択
インストール台数	無制限(同時接続台数は5台まで)
含まれるOfficeアプリ	Word/Excel/PowerPoint/Outlook/OneNote/Access/Publisher など
アップデート	常に最新
備考	OneDriveのオンラインストレージ1TB付

Office Home & Business 2021

　追加費用の発生しない、買い切りモデルの製品です。利用できるアプリはWordからPowerPointまで揃っており、一通りの機能が使えます。

　「Microsoft 365 Personal」と比べたときのデメリットとしては、インストール台数が2台までと少ないこと、サポート期限が設定されていることです。定期的に料金を払うことに抵抗がある方などにオススメです。

Windows 10／11対応

価格	4万3,980円(税込)
ライセンス	買い切り
インストール台数	2台
含まれるOfficeアプリ	Word / Excel PowerPoint / Outlook
アップデート	無

これから買うなら「Microsoft 365 Personal」が断然おすすめ!

買い切りを選ぶならサポート期限も考慮しよう

　製品を選ぶ際の悩みどころは、価格ではないでしょうか。「Microsoft 365 Personal」を3年以上契約すると、「Office Home & Business 2021」の価格をオーバーするので、3年以上使うなら買い切りモデルを選ぶのもアリです。

　しかし、買い切りモデルにはサポート期限が設定されており、「Office Home & Business 2021」の場合は2026年10月。これから買うには、サポート期限が短く、現状ではあまりおすすめできません。もちろんサポート期限が終了しても使うことはできますが、セキュリティ面でのリスクが発生しますので推奨されません。

　なお、本書は「Microsoft 365 Personal」を用いて解説しています。

本書の使い方

本書はパソコン操作の苦手な方でもすべての操作ができるよう、
画像を大きく使って操作手順を解説しています。
どれも便利でよく使う操作なのでぜひ身につけましょう。

「超重要」マーク

絶対に覚えておくべき基本テクニックには「超重要」マークが付いています。このマークがついたテクからマスターしていくのもいいでしょう。

本書で解説する操作のテクニック番号を記載しています。

この項目で行うテクニックを具体的に紹介しています。

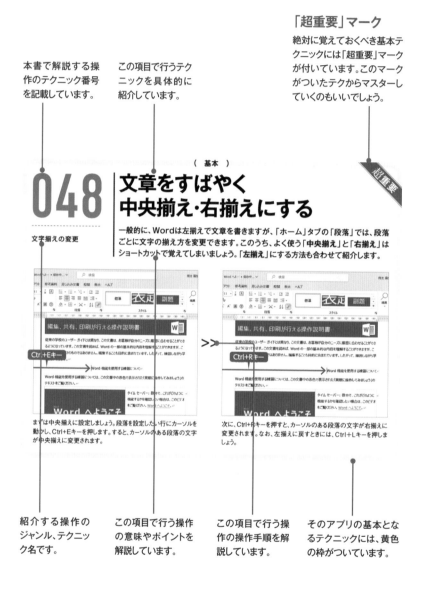

まずは中央揃えに設定しましょう。段落を設定したい行にカーソルを動かし、Ctrl+Eキーを押します。すると、カーソルのある段落の文字が中央揃えに変更されます。

次に、Ctrl+Rキーを押すと、カーソルのある段落の文字が右揃えに変更されます。なお、左揃えに戻すときには、Ctrl+Lキーを押しましょう。

紹介する操作のジャンル、テクニック名です。

この項目で行う操作の意味やポイントを解説しています。

この項目で行う操作の操作手順を解説しています。

そのアプリの基本となるテクニックには、黄色の枠がついています。

PART

1

Windows11
を使いこなす

超重要→

Windows 11

メインとなる画面の
名称と機能を覚えよう!

Windows 11にログイン後、最初に表示される画面がデスクトップです。ここでは、アプリの起動やファイルの検索、パソコンの設定などさまざまなことができます。ここでは、Windowsの基本機能の解説は省きますが、ウィンドウの配置や、ファイルへのアクセス方法、テキストの効率的な操作方法などを解説します。

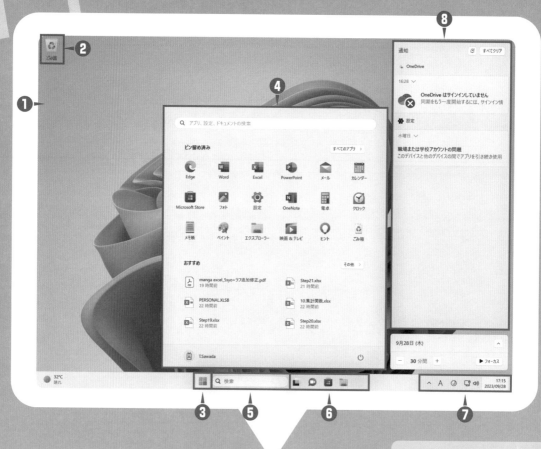

①デスクトップ
ウィンドウやアイコンを表示する基本画面です。ファイルの管理からアプリの実行まで、すべての操作はここで行います。

②ごみ箱
削除したファイルが一時的に保管される特殊なフォルダーです。ごみ箱にあるファイルなら元の状態に戻すこともできます。

③スタートボタン
クリックすると、スタートメニューを表示します。

④スタートメニュー
アプリの起動やログアウト、シャットダウンなどを行うメニューです。

⑤検索ボックス
パソコン内のファイルやアプリを検索できる場所です。検索ボックスからインターネットの検索もできます。

⑥タスクバー
起動中のアプリのアイコンが表示される場所です。

⑦通知領域
ネットワークやセキュリティ、音量の状態などを表示するアイコンが表示される場所です。アイコンをクリックすると、詳細な情報を確認できます。

⑧アクションセンター
Windowsのアップデートや新たに接続されたデバイスなどの通知が確認できる場所です。通知の領域内の□をクリックすると表示されます。

クリック
マウスの左ボタンを押す操作のこと。アイコンやメニューを選択するときに使います。

ダブルクリック
マウスの左ボタンを2回連続で押す操作のこと。ファイルやフォルダーを開くときに使います。

ドラッグ
マウスの左ボタンを押したまま、マウスを移動させたあと、ボタンを離す操作のこと。ファイルやフォルダーの移動や、文字を選択するときなどで使います。

右クリック
マウスの右ボタンを押す操作のこと。マウスポインターを合わせている場所やアイコンに関連するメニューが表示されます。

001 ウィンドウの一覧を表示してアプリを切り替える

タスクビュー

タスクバーの ■（タスクビュー）をクリックすると、**タスクビュー画面**に切り替わり、起動中のウィンドウがサムネイル（小さな画像）で一覧表示されます。今、デスクトップでどんなウィンドウを開いているか確認しながら**アプリを切り替える**ことができます。この機能はWindowsキーを押しながらTabキーを押すことでも利用できます。

1 タスクビューを表示する

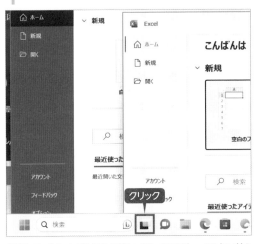

起動しているウィンドウが多すぎるときは、タスクビューから切り替えると便利です。タスクバーの ■（タスクビュー）をクリックします。

2 ウィンドウをクリックする

タスクビュー画面に切り替わり、デスクトップで起動しているウィンドウの一覧が表示されます。操作したいウィンドウのサムネイルをクリックしましょう。

3 操作するアプリが切り替わる

デスクトップ画面に戻り、クリックしたアプリにウィンドウが切り替わります。

タスクビューから新しいデスクトップを追加する

タスクビュー画面で「＋新しいデスクトップ」をクリックすると、2つ目のデスクトップが追加されます。それぞれのデスクトップで別々のアプリを操作できるので、ビジネス用、プライベート用など、用途ごとにデスクトップを分けて使用できます。詳細はテク010を参照してください。

ウインドウズ11の必須操作

002

(基本)

超重要

タスクバーに
アプリを登録する

アプリの起動

タスクバーに**任意のアプリアイコン**を追加すれば、いちいちスタートメニューを開かなくてもすぐにアプリを起動できます。Edge、エクスプローラー、Microsoftストア以外でよく使うアプリがあれば、登録しておきましょう。

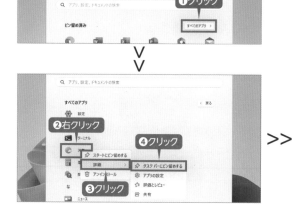

スタートメニューを表示し、❶「すべてのアプリ」をクリックします。❷任意のアプリ（ここでは「天気」アプリ）を右クリックし、❸「詳細」→❹「タスクバーにピン留めする」をクリックします。

タスクバーにアプリのアイコン（ここでは「天気」アプリ）が追加されます。

003

(基本)

超重要

操作するアプリを
切り替える

ウィンドウ操作

操作するアプリを切り替えたいときは、**目的のウィンドウをクリック**するだけでOKです。クリックしたウィンドウが操作できるようになります。デスクトップのウィンドウが多すぎるときは、タスクバー（テク006）やタスクビュー（テク001参照）を活用しましょう。

デスクトップにいろいろなアプリが表示されています。この中から、操作したいアプリのウィンドウ（ここではMicrosoft Edge）をクリックします。

クリックしたウィンドウが最前面に表示され、操作できる状態となります。

004

ウィンドウ操作

2つのウィンドウを
見やすくレイアウトする

起動中のアプリが増えてくると、ウィンドウが重なり合って操作しづらくなります。タイトルバーをドラッグして、使いやすい位置に移動しましょう。また、ウィンドウをドラッグしたまま**画面の左右両端までドラッグ**すると、ウィンドウをきれいに**2分の1サイズ**で配置することができます。

>>

Edgeとメールアプリを左右に配置してみましょう。Edgeのタイトルバーをドラッグして、ウィンドウを画面の左端下まで移動します。

画面の左側に1/2サイズでウィンドウが配置されます。右側に残りのウィンドウのサムネイルが表示されるので、右半分に表示したいウィンドウをクリックして選びましょう。

005

ウィンドウ操作

ウィンドウのサイズを
画面の1/2・1/4サイズにする

ウィンドウのサイズ変更はテク004の方法でも可能ですが、Windows11から追加された新機能「**スナップレイアウト**」を使うとさらに効率的です。表示された候補から好きなレイアウトを選択し、ウィンドウを配置していけば、すぐに目的のサイズへ変更されます。

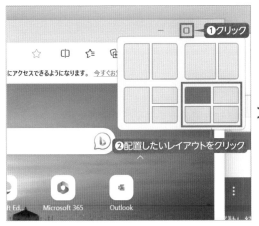

>>

サイズを変更したいウィンドウの❶□ボタンにマウスポインタを合わせると、レイアウトの一覧が表示されます。❷配置したいレイアウトをクリックします。

選択した位置にウィンドウが配置されます。残りのウィンドウのサムネイルが表示されるので、表示したいウィンドウをクリックして選んでいきます。

ウィンドウズ11の必須操作

（ 基本 ）

006

アプリの切り替え

タスクバーで操作する
アプリを切り替える

超重要

デスクトップの最下部に配置されているタスクバーには、**起動中のアプリのアイコン**が表示されており、クリックするとそのアプリが最前面に表示されます。ウィンドウが多いときは、**タスクバーから操作する**ほうが、スムーズにアプリを切り替えできます。

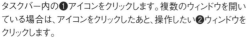

タスクバー内の❶アイコンをクリックします。複数のウィンドウを開いている場合は、アイコンをクリックしたあと、操作したい❷ウィンドウをクリックします。

選択したウィンドウが最前面に表示され、操作できる状態となります。

007

ジャンプリスト

ジャンプリストから
最近使ったファイルを開く

タスクバーでアプリのアイコンを右クリックすると、最近開いたファイルが並ぶ「**ジャンプリスト**」が表示されます。ジャンプリストから任意の項目をクリックすると、手早くファイルを開き直せます。直前まで開いていたファイルを開き直したいときなどに活用しましょう。

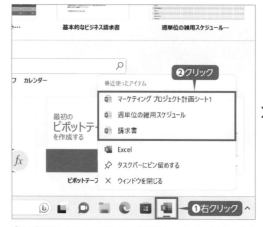

❶アプリのアイコンを右クリックし、❷開きたいファイルをクリックします。

選択したファイルが開きます。

008

ジャンプリスト

よく使うファイルを
ジャンプリストに登録する

チェックリストや定期的に更新する資料など、**よく使うファイルをジャンプリストに登録（ピン留め）**しておけば、すぐに開けて便利です。エクスプローラーではフォルダーを、Microsoft Edgeでは、ウェブページをジャンプリストにピン留めできます。

>>

❶タスクバーのアイコンを右クリックし、❷ピン留めしたいファイルの ✕ をクリックします。

ジャンプリストの「ピン留め」にファイルが登録されました。ピン留めを解除したいときは、✕ をクリックします。

009

アプリを
すべて最小化

（ 基本 ）

超重要

ウィンドウを消して
デスクトップを表示する

デスクトップを使いたいときは、**タスクバーの右端をクリック**しましょう。開いているウィンドウがすべて最小化され、デスクトップが表示されます。この機能は、**Windowsキーを押しながらDキーを押す**ことでも利用可能です。

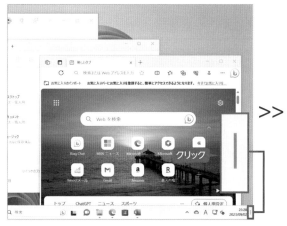

>>

ごみ箱を開きたいのですが、起動しているアプリが多すぎて、ごみ箱のアイコンが見えません。こんなときは、タスクバーの右端にポインタを合わせ、表示された ｜（デスクトップの表示）をクリックします。

表示していたすべてのウィンドウが消えて、デスクトップが表示されます。これでごみ箱が開けますね。なお、最小化したウィンドウを元の状態に戻したいときは、もう一度タスクバー右端の ｜（デスクトップの表示）クリックしましょう。

010

仮想デスクトップ

仕事の内容に合わせて 使うデスクトップを切り替える

超重要

Windows 11では、1つの画面で複数のデスクトップを扱える「**仮想デスクトップ**」が搭載されています。「**1つのプロジェクトで1つのデスクトップ**」というふうに使い分ければ、並行して複数の案件を抱えていても、扱うファイルを間違えるといった失敗も未然に防げるでしょう。

1 新しいデスクトップを作成する

タスクバーのタスクビューボタンをクリックし、タスクビューを表示します。この画面の下部にある「＋新しいデスクトップ」をクリックしましょう。

2 新しいデスクトップに切り替える

タスクビューから操作したいデスクトップを選択できます。「デスクトップ2」をクリックします。「デスクトップ2」が作成され、画面がデスクトップ2に切り替わります。操作するデスクトップを切り替えたいときは、再度タスクビューを表示します。

3 デスクトップ間でアプリを移動する

タスクビューで、アプリのウィンドウをデスクトップ2にドラッグすると、デスクトップ1で開いていたウィンドウをデスクトップ2に移動できます。

4 デスクトップを削除する

タスクビューで任意のデスクトップにポインタを合わせ、「×」をクリックすると、仮想デスクトップが削除されます。

CtrlキーとWindowsキーを押しながら←キーもしくは→キーを押すことでも、デスクトップを切り替えることができます。

011

頻出単語の辞書登録

よく使う言葉を登録して
変換しやすくする

長い会社名やちょっと変わった名前、1回で変換できない言葉は変換や入力が面倒です。もし何度も入力する機会があるならば、あらかじめ**単語登録**をしておきましょう。登録した読み方で変換すると、登録した言葉が上のほうに表示されるようになり、入力が一気に楽になります。

1 単語登録したい言葉を選択する

あらかじめメモ帳などに、単語登録したい言葉を入力しておきましょう。「メール」アプリの画面でもかまいません。単語登録したい言葉を選択します。

2 単語の登録画面を開く

次に単語登録の画面を表示します。タスクバーの「あ」（「A」または「カ」の場合もあります）を❶右クリックし、❷「単語の登録」をクリックします。

3 単語を登録する

「単語の登録」ダイアログボックスの❶「よみ」に手順2で選択した語の登録したい読み方を入力します。ここでは「だい2」としました。入力後、❷「登録」をクリックし、「閉じる」をクリックします。

4 登録した「よみ」で変換する

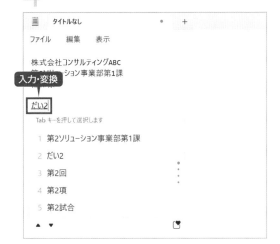

「だい2」と入力して変換すると、「第2ソリューション事業部第1課」と入力できるようになりました。メールのあいさつ文なども登録しておくと便利です。

一発で変換できない言葉が出てきたら、辞書に登録する癖を付けましょう。これを続けると、自然と効率的に文字を入力できるようになります。

ウインドウズ11の必須操作

012

日本語入力

Google日本語入力ならば
より効率よく日本語変換ができる

Windowsには、標準の日本語入力ソフト「Microsoft IME」がインストールされていますが、**固有名詞や時事用語であれば「Google日本語入力」のほうが語彙が充実**しており、より効率的に文章を入力できます。Microsoft IMEの辞書を引き継ぐことも可能です。Microsoft IMEの変換精度に不満がある方はぜひ試してみてください。

1 Google日本語入力を ダウンロードする

Webブラウザで「Google日本語入力」のダウンロードページにアクセスし、「WINDOWS版をダウンロード」をクリックします。
Google日本語入力：https://www.google.co.jp/ime/

2 利用規約に同意する

利用規約を確認し、「同意してインストール」をクリックしてインストールします。ダウンロードが完了したら、「GoogleJapaneseInput Setup.exe」をクリックし、インストーラーを起動しましょう。

3 Google日本語入力の 初期設定を行う

❶各設定項目にチェックを付けます。Microsoft IMEの辞書を引き継ぐ場合は、「MS-IMEのユーザー辞書を～」にチェックを付け、❷「OK」をクリックします。

4 Google日本語入力に 切り替える

❶タスクバーの「日本語（Microsoft IME）」をクリックし、❷IMEの一覧から「Google日本語入力」をクリックして「Google日本語入力に切り替えます。

5 Google日本語入力で 文字入力する

Google日本語入力で文字入力できるようになります。文字変換や日本語⇔英数字の切り替えなどは、Microsoft IMEと同じ操作方法で利用できます。

Tips

単語を辞書登録する

Google日本語入力に辞書登録するには、「A」または「あ」を右クリック→「単語登録」をクリックします。「単語登録」ダイアログが表示されたら、「単語」に登録したい単語、「よみ」に読み方を入力します。「OK」をクリックすると、Google日本語入力に辞書登録されます。

❶登録したい単語を入力
❷読み方を入力
❸クリック

013

画面の
キャプチャー

パソコン画面を
資料に貼り付ける

「PrintScreen」キーを利用すると、パソコンの画面やウィンドウを画像としてコピーする「**スクリーンショット**」を撮影できます。コピーした画像は、2章以降で紹介するWordやExcel、PowerPointの書類などに貼り付けられます。説明のためにパソコン画面の画像が必要、というときに使えます。

1 Wordにスクリーンショットを
貼り付ける

ここでは、Wordのファイル内に画面やウィンドウのスクリーンショットを貼り付ける方法を紹介します。

2 パソコンの画面全体を撮影する

パソコンの画面全体をコピーしたい場合は、PrintScreenキーを押します。PrintScreenキーは、多くのキーボードの右上の方に配置されています。

3 スクリーンショットを貼り付ける❶

Wordのファイル内でCtrl+Vキーを押すと、パソコンの画面全体が画像として貼り付けられます。

4 ウィンドウ単体を撮影する

ウィンドウ単体の画像が必要な場合は、❶コピーしたいウィンドウをクリックし、❷AltキーとPrintScreenキーを押します。

5 スクリーンショットを貼り付ける❷

ウィンドウ単体のスクリーンショットは、「ビデオ」→「キャプチャ」フォルダ内に保存されます。テク071を参照し、Wordのファイル内に画像を挿入しましょう。

撮影したスクリーンショットを画像として保存したい場合は、ペイントアプリを起動し、貼り付けてからファイルとして保存します。

014

複数の端末で同じファイルを利用する

ファイルの共有

たとえば**会社と外出先**で同じファイルを使いたいという場合に役立つのが、マイクロソフトが提供する**OneDrive**というサービスです。異なる端末でも同じMicrosoftアカウントにサインインすると、その端末間で同じファイルを共有できます。通常のフォルダーと同じ感覚で使えて便利です。

1 OneDriveを起動する

OneDriveを利用するにはMicrosoftアカウントが必要です。ない場合はあらかじめ取得しておきましょう。❶「スタートボタン」→❷「OneDrive」をクリックします。

2 Microsoftアカウントでサインインする

❶メールアドレスを入力し、❷「サインイン」をクリックします。初めて利用するときは、このあと指示にしたがって初期登録を行います。なお、OneDriveのオンラインストレージは5GBまで無料で利用できます。

3 OneDriveフォルダーを開く

エクスプローラーで「OneDrive」をクリックします。このフォルダー内に保存したファイルは、同じMicrosoftアカウントでサインインしたほかのパソコンからでも開けます。

Tips

ほかのユーザーと共有する

OneDriveに保存したファイルをほかのユーザーと共有することもできます。❶OneDrive内のファイルを右クリックし、❷「OneDrive」→「共有」をクリックすると、ダウンロード用のURLが作成されるので、メールやSNSなどで共有したい人に送りましょう。

大容量のファイルを送るときは、メールに添付するよりOneDriveの共有機能を使ったほうが効率的!

015
動かなくなってしまった アプリを強制終了する

強制終了

パソコンの動作がやけに重いなどの異常は、アプリの不具合が影響しているかもしれません。アプリが操作を受け付けず終了できないなら、**強制終了**させましょう。ただし、未保存のデータは失われる可能性があるので、非常時の手段として利用してください。

>>

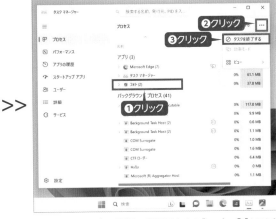

タスクバーのスタートボタンを右クリックし、「タスクマネージャー」をクリックします。

❶反応しないアプリを選択し、❷画面右上の「・・・」→❸「タスクを終了する」をクリックします。アプリが終了し、タスクの一覧からも消えます。スタートメニューから再度アプリを起動し、問題なく動作するか確かめてみましょう。

016
パソコンの システム情報を 見る

システム情報

パソコンの基本的な情報を確認したいときは、設定アプリの「システム」→「バージョン情報」を開いてみましょう。OSのバージョンやCPUの型番、メモリの容量などの情報を確認できます。

設定アプリを起動し、「システム」→「「バージョン情報」をクリックします。CPUやメモリの容量、メーカーサポートの連絡先などが確認できます。

017
フォルダーや ウェブサイトの 情報を最新にする

画面の更新

フォルダー内に入れたファイルが見つからない場合や、ウェブサイトの情報が古い場合は、**最新の情報に更新**すると解決することがあります。更新は、更新ボタンを押すほか、**F5キー**を押すだけでも実行できます。

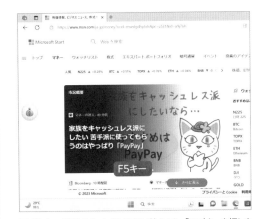

更新したい情報のウィンドウに切り替えたら、「F5」キーを押しましょう。Webページやファイルの情報を再読み込みし、画面が最新の状態に更新されます。

018
カーソルの
瞬間移動

カーソルを行頭に移動する

カーソルを**行の最初**にもっていくときに、矢印キーを何度も押すのはあまりスマートではありません。**Home キー**を押すだけで、行の最初にすっと移動できます。

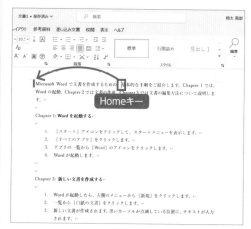

Homeキーを押すと、カーソルが一気に行の最初に移動します。Homeキーは多くのキーボードでは、カーソルキーの上側に配置されています。

019
カーソルの
瞬間移動

カーソルを行末に移動する

テク018とは逆に、カーソルを**行末**にもっていきたい場合は、**Endキー**を利用しましょう。何度もキーボードのボタンを押すよりずっと手軽にカーソルが移動できます。

Endキーを押すと、カーソルが一気に行の最後に移動します。Endキーは多くのキーボードでは、カーソルキーの上側に配置されています。

020
カーソルの
瞬間移動

カーソルをファイルの最初に移動する

カーソルをファイル内の**いちばん最初**に移動するときは、**Ctrl+Homeキー**が便利です。ウィンドウ右のスクロールバーを上下するよりも早く、一瞬で移動することができます。

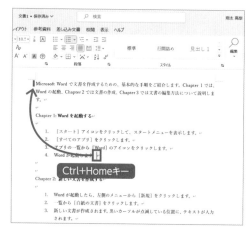

Ctrlキーを押しながらHomeキーを押すと、カーソルが一気にファイルの最初に移動します。書類のタイトルを変更したいときなどに便利です。

021
カーソルの
瞬間移動

カーソルをファイルの最後に移動する

テク020とは反対に、**ファイルの最後**までカーソルを一瞬で移動させるには、**Ctrl+Endキー**を使います。このショートカットは、ブラウザの文字入力画面やメモ帳などでも利用可能です。

Ctrlを押しながらEndキーを押すと、カーソルが一気にファイルの最後に移動します。書類の最後から新しい情報を書き加えたいときにスピーディーに作業ができます。

022 便利な文字選択
キーボードで文字を選択する

文字の色・サイズ変更や、コピー・切り取りなどをするときに行う文字選択です。**Shiftキーを押しながら←→キーを押す**と、1文字単位で細かく選択することができます。

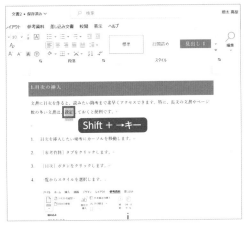

Shiftキーを押しながら「←」「→」キーを押すと、文字を1文字単位で選択できます。マウスでは操作のしにくい小さな文字を選択するときに便利です。

023 便利な文字選択
キーボードで1行まとめて選択する

1行、2行など、選択する範囲が多少大きな場合には、**Shiftキーを押しながら↑または↓キーを押す**と、カーソルのあるところからぴったり1行分上（下）の文字をまとめて選択できます。

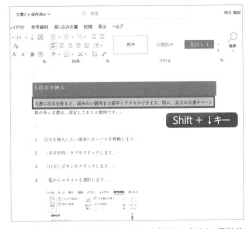

Shiftキーを押しながら↑または↓キーを押すと、文字を1行単位で選択できます。複数行のテキストをまとめてコピーや削除などしたいときに使いましょう。

024 便利な文字選択
一定の範囲をまとめて選択する

選択する文字が多い場合には、マウスも活用しましょう。選択したい文字の始点をクリックし、**Shiftキーを押しながら終点をクリックする**と、クリックした範囲の文字がすべて選択できます。

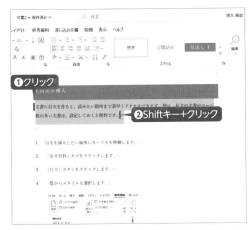

❶選択したい文字の始点をクリックし、❷Shiftキーを押しながら終点をクリックすると、指定した範囲の文字が選択できます。複数ページにまたがる文章でも選択できます。

（ 基本 ）
025 便利な文字選択
ファイル内のすべてを選択する

ファイル内にあるすべての文字や画像を選択したい場合は、**Ctrlキーを押しながらAキーを押しましょう**。右クリックメニューの「すべて選択」と同じことが簡単にできます。

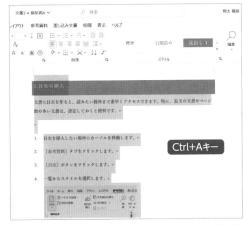

Ctrlキーを押しながらAキーを押すと、ファイル内のすべての文字や画像が選択できます。文書内のテキスト全部をコピーしたいときに、絶対に覚えておきたい機能です。

026
検索ボックスを アイコン化する

タスクバーの 整理

タスクバーのアイコンが多くなると、検索ボックスが邪魔かもしれません。**検索ボックスをアイコン化**すれば、タスクバーのスペースを広くとることができます。

タスクバーを右クリックして、「タスクバーの設定」をクリックします。「設定」画面が表示されたら、❶「タスクバー項目」の「検索」をクリックします。❷「検索アイコンのみ」をクリックすると、検索ボックスがアイコン化します。

027
検索エンジンを Googleに 変更する

上手な ネット検索

Windows11にはMicrosoft EdgeというWebブラウザーがついてきます。Edgeの検索エンジンは、**Bing**が設定されていますが、**Google**など別のものに変更も可能です。使い慣れたものがいい場合には変更しましょう。

Edgeを開き、…（設定など）→「設定」をクリックします。次に、❶「プライバシー、検索、サービス」メニュー→❷「アドレスバーと検索」をクリックしましょう。「アドレスバーで使用する検索エンジン」欄から、利用したい検索エンジンを選びます。

028
ファイルを 誰でも見られる ようにする

PDFの作成

Word・Excel・PowerPointなどで作成したファイルは、**PDFで保存**すると、それらのアプリをインストールしていないパソコンでも、ほぼ同じように表示できるので便利です。

ファイル保存時に「ファイルの種類」で「PDF」を選択して保存をクリックします。PDFは基本的に編集できないため、元のファイルもきちんと残しておきましょう。

029
PDFに 注釈を入れる

PDF

Adobe Acrobat Reader DCというアプリを使えば、保存した**PDFにコメントや注釈を入れる**ことができます。いつ誰がどんな言葉を入れたかもわかるため、複数人でやり取りをしてデータを作り上げるときに役立ちます。

❶画面右側で「注釈」をクリックし、❷画面上部のツールバーから利用したいツールを選んだら、文書内をクリック・ドラッグしてコメントや図を追加しましょう。

Word
を使いこなす

2

超重要→

Word

メインとなる画面の名称と機能を覚えよう!

Wordは文章や図がメインの文書を作るためのアプリです。企画書や報告書を書くときに必須のツールです。文字の位置やサイズを細かく調整したり、表や画像と文章を組み合わせてきれいにレイアウトしたりすることを得意としています。

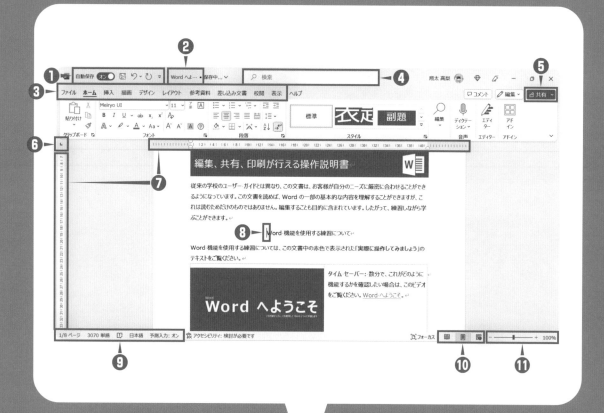

①クイックアクセスツールバー
よく利用する機能を登録しておくためのツールバーです。どの画面からでも1クリックで登録した機能を呼び出せます。

②タイトルバー
現在開いているファイルの名前が表示されます。

③リボン
Wordの各種機能を呼び出すためのメニューです。「ファイル」「ホーム」「挿入」「描画」「デザイン」「レイアウト」「参考資料」「差し込み文書」「校閲」「表示」「ヘルプ」の11個のタブがあります。

④検索ボックス
キーワードを入力することで、使いたい機能を実行したり、ヘルプを確認したりすることができます。

⑤共有
文書をOneDriveに保存し、ほかのユーザーと共有できます。

⑥タブセレクター
クリックすることで、ルーラーに追加するタブの種類を選択できます。

⑦ルーラー
インデントを設定する際の基準となる目盛りです。横のルーラーを水平ルーラー、縦のルーラーを垂直ルーラーといいます。

⑧カーソル
文字を入力する位置を表します。Wordの白い範囲をクリックするか、キーボードのカーソルキーを押すことで移動できます。

⑨ステータスバー
文字数やページ数など、編集中の文書に関するさまざまな情報が表示されます。

⑩画面モード
編集画面の表示を「印刷モード」「印刷レイアウト」「Webレイアウト」の3つから選択できます。

⑪表示倍率・ズームバー
編集画面の表示倍率を調整できます。

インデント
Wordでは頻繁に「インデント」という言葉が出てきます。インデントとは、特定の段落だけ文章が始まる位置や折り返しの位置を変更できる機能のことです。「字下げ」ともいいます。

タブ
Wordなどのワープロソフトで、事前に設定した位置まで文字を移動する機能のことを「タブ」といいます。ウェブブラウザーで使う「タブ」とは意味が違うので注意しましょう。

030

文字の装飾

太字や斜体、
文字のサイズをすぐに整える

太字・斜体の設定や文字のサイズの変更といった書式変更は、「ホーム」タブの「**フォント**」で行います。しかし、1つ1つマウスで設定するのは手間がかかります。これらの操作の**ショートカットキー**を覚えれば、マウスに手を伸ばすことなく設定を変更して、ストレスなく入力できるでしょう。

1 文字を太字にする

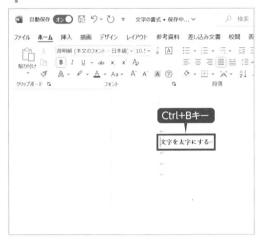

太字にしたい文字を選択したあとにCtrl+Bキーを押すと、選択した文字を太字にできます。再度文字を選択し、同じキーをもう一度押すと元の字に戻ります。

2 文字を斜体にする

斜体にしたい文字を選択したあとにCtrl+Iキーを押すと、文字を斜体にできます。再度文字を選択し、同じキーをもう一度押すと元の字に戻ります。

3 文字を拡大する

拡大したい文字を選択したあとにCtrl+Shift+>キーを押すと、文字を拡大できます。同じキーを押すごとに文字は拡大されます。

4 文字を縮小する

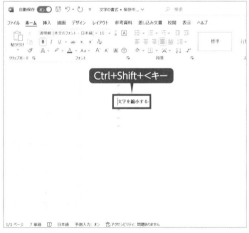

縮小したい文字を選択したあとにCtrl+Shift+<キーを押すと、文字を縮小できます。同じキーを押すごとに、文字は縮小されます。

範囲を指定してからそれぞれのキーを押しましょう!

Wordを使いこなす

031
インデントやフォントの書式設定を複製する

書式のコピー

インデントやフォントの設定を変更したあと、**同じ設定をほかの行にも反映したいと**思っても、同じ設定を一から操作するのは面倒ですよね。このようなときは「**書式のコピー**」機能で書式だけ複製しましょう。文章の体裁を都度設定するよりも簡単に、似たような体裁の文書を作ることができます。

1 コピー元の行を選択する

❶書式を複製したい行を選択します。❷リボンの「ホーム」タブをクリックし、「クリップボード」にある❸ ◀ をクリックします。これで、書式がコピーされます。

2 コピー先の行を選択する

書式を反映したい行を選択します。このとき、カーソルは「書式のコピー・貼り付け」のアイコンになっていることを確認して選択しましょう。

3 コピーした書式が設定される

コピーした書式が、選択した行に貼り付けられます。これでコピー元と同じ体裁になりました。フォントの大きさや色などはもちろん、インデントなどの書式も反映されます。

4 体裁を整える

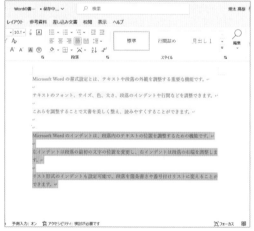

手順1〜3の活用で、見た目が似た体裁の文書をすぐ作ることができます。コピーした書式だけが反映され、文字の上書きはされません。

文字の装飾の方法は、前ページのテク030で紹介しています。

032 文書の変更履歴を残すようにする

文書修正のやり取り

複数人で文書の修正のやり取りをすると、**どこをどう直したのかわからなくなってしまいます**。文書の**変更履歴を残す**ようにすれば、文章を入力・削除したところやコメントなどを残せます。また、その変更を実際に反映するかしないかを、ボタン1つで決めることができます。

1 「変更履歴の記録」をクリックする

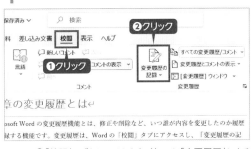

リボンの❶「校閲」タブをクリックします。続いて、「変更履歴」にある❷「変更履歴の記録」をクリックしましょう。変更履歴を入力できるモードになります。

2 文字を追加する

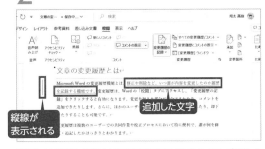

追加した文字は、下線付きの赤字で表示されます。また、変更した行の左側には、赤い縦線が表示されます。

3 文字を削除する

文字を削除すると、削除した箇所に打ち消し線が入ります。

4 コメントを追加する

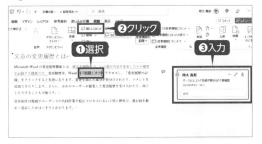

❶コメントを残したい文字を選択し、❷「校閲」タブの「コメント」にある「新しいコメント」をクリックします。文章の右側に表示されたコメント欄に、❸コメントが入力できます。

5 変更を反映する

これまでの変更を反映するときは、「校閲」タブの「変更箇所」にある「承諾」、反映しないときは「元に戻して次へ進む」をクリックします。

「コメントの表示」をクリックすると、コメントの表示／非表示を変更できます。

超重要

033

次のページから書きはじめる

改ページ

1つの文章を書き終えたあと、次の文章を区切りよく次のページから書くために**改行をたくさん入れていませんか**。この方法だと、後で修正を加えたときに、位置がずれてしまうことがあります。**改ページを使うと、後から修正してもページがずれず**、次の文章もスムーズに書きはじめられます。

1 通常の改行を入力した場合

前ページに文章を書き終え、次ページから新しい文章を書くとします。このとき、行頭を次のページにするために、空白にする行数分の改行を入れてみましょう。

2 修正するとページにずれが発生する

この状態で、前ページの文章を修正してみます。文字の数が増えてしまった分、次のページの行頭がずれてしまい、見にくくなってしまいました。

3 改ページを入力する

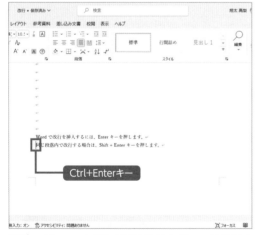

手順2のようにページがずれる事態を防ぐため、改ページを挿入しましょう。改ページを挿入したいところにカーソルを合わせて、Ctrl＋Enterキーを押します。

4 修正しても改ページに影響しない

改ページが挿入されました。この状態だと、改ページ前の文章を修正しても、次ページの内容は前後にずれません。なお、ここではわかりやすいように改ページを表示していますが、改ページは初期設定では表示されません。

「改ページ」などの編集記号を表示するには、P.038のテク038を参照してください。

034

単語の検索

文章から特定の単語を検索する

目的の情報を探すために、長い文章の最初から目を凝らして読むのは、骨が折れますし非効率です。その内容に関する単語を思い浮かべて、**ファイル内を検索**してみましょう。Wordは該当する単語がいくつあるかを調べ、たった1文字でも知らせてくれます。目的の情報も見つかりやすくなるでしょう。

1 「検索」をクリックする

検索したいファイルを開きます。❶「ホーム」タブにある❷「編集」→❸「検索」→「検索」をクリックして、ナビゲーションウィンドウを表示します。

2 単語を入力する

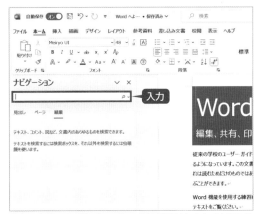

文書の左側にナビゲーションウィンドウが表示されます。「文章の検索」欄をクリックして、検索したい単語を入力しましょう。

3 検索された単語を確認する

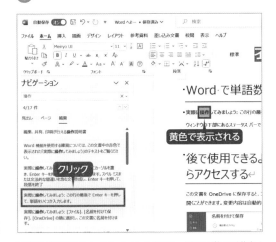

文書の検索が行われます。入力した単語と一致する単語が黄色く強調表示されます。ナビゲーションウィンドウ内の文章をクリックすると、その単語がファイルのどこにあるのかがわかります。

4 オプションを設定して検索する

「検索」欄の右にある∨→「高度な検索」をクリックすると、このダイアログボックスが開きます。「オプション」をクリックし、中の設定を変更することで、さらに細かな条件で検索をすることができます。

オプションの便利な使い方は、P.041のテク043で紹介しています。

035

用紙サイズ選択

文書の制作を始める前に
用紙のサイズを選択する

文書を作るときは、まずは印刷時の**用紙サイズ**を決めておきましょう。一般的にはA4を用いますが、官公庁などではB5サイズを求められることもあります。なお、Wordの**初期設定ではA4**が選択されています。

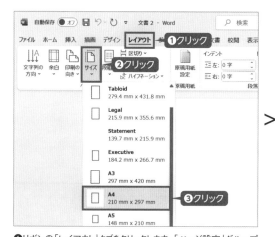

❶リボンの「レイアウト」タブをクリックします。「ページ設定」グループの❷「サイズ」をクリックし、表示されたメニューから❸用紙サイズを選択します。

選択した用紙サイズに変更されます。選択できるサイズについては、「ファイル」タブの「印刷」→「プリンター」に表示されているプリンターによって異なります。

036

余白の設定

用紙の余白の
大きさを設定する

印刷用紙を選択すると、印刷できないフチ部分「余白」が設定されます。これもあとから変更すると、ページの調整などが大変なので、**最初に変更**しておきましょう。少し狭めにするのがおすすめです。

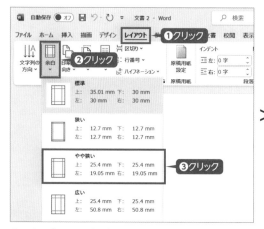

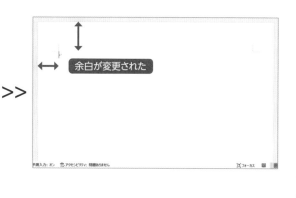

余白が変更された

❶リボンの「レイアウト」タブをクリックします。「ページ設定」グループの❷「余白」をクリックし、❸余白のサイズを選択します。

選択した余白のサイズに変更されます。手順1でメニューの一番下にある「ユーザー設定の余白」をクリックすれば、好きな余白の大きさを設定することもできます。

037

Wordのおせっかい機能を解除する

初期設定

文頭のアルファベットを自動で大文字にしたり、箇条書きに変更したり……。Wordにはこうしたユーザーを助ける便利な機能が搭載されています。ただし、これがときには余計なお世話になることも。この機能が**おせっかい**だと感じるなら、「**オートコレクトのオプション**」から解除することも可能です。

1 リボンの「ファイル」をクリックする

入力オートフォーマットの設定を変更しましょう。設定の変更を行うには、まずリボンの「ファイル」をクリックします。

2 「オプション」を開く

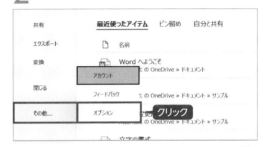

「情報」の画面が表示されたら、右側のメニューの下側にある「「その他」→「オプション」」（※ウィンドウのサイズによっては「オプション」）をクリックします。

3 オートコレクトのオプションを表示する

「オプション」のダイアログボックスが表示されます。左のメニューから❶「文章校正」をクリックし、続けて❷「オートコレクトのオプション」をクリックします。

4 大文字と小文字の自動変換の機能をオフにする

「オートコレクト」タブを表示し、一番上以外のチェックボックスをすべて外します。これで、大文字や小文字に自動で変換する機能をオフにできます。

5 行頭の箇条書きの機能をオフにする

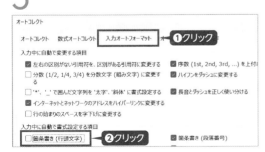

続いて、❶「入力オートフォーマット」タブをクリックします。「入力中に自動で書式設定する項目」グループにある❷「箇条書き(行頭文字)」をクリックしてチェックを外します。

6 段落番号の箇条書きの機能をオフにする

同じ画面にある❶「箇条書き(段落番号)」をクリックしてチェックを外します。最後に、❷「OK」をクリックすると、勝手に箇条書きになる機能をオフにできます。

038
制御文字の表示

スペースやタブが
見えるようにする

スペースやタブといった、紙面には実際に表示されない文字のことを「編集記号」（制御文字）と言います。実はこれらの編集記号、Word上なら表示させることができます。初期設定では表示されていませんが、ワンクリックですぐ表示できます。

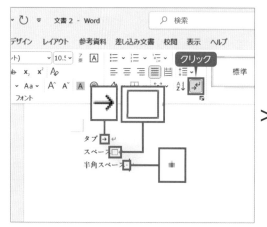 >>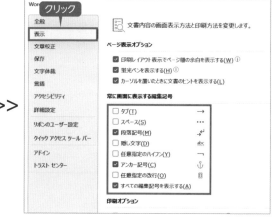

制御文字を表示するには、まずリボンの「ホーム」タブをクリックします。続いて、「段落」グループにある ↵ をクリックすると改行やスペースなどの編集記号が表示されるようになります。

常に表示させる記号は、「ファイル」タブの「オプション」（「その他」→「オプション」）→「表示」から設定することができます。

039
文字の選択

離れた場所にある
文字を選択する

文書の見出しを一つひとつサイズや色を変更していくのは面倒です。Ctrlキーを押しながらドラッグすれば、離れた場所にある文字や段落を選択できるので、まとめて書式を変更することができます。

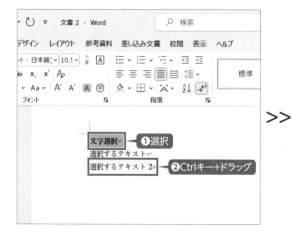 >>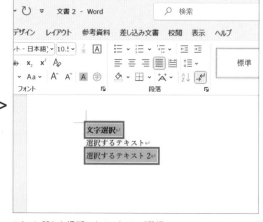

まず、❶1つ目のテキストを選択します。続けて、❷Ctrlキーを押しながら、離れた場所にある選択したいテキストをドラッグしましょう。

これで、離れた場所にあるテキストが選択できました。あとは、フォントや文字の大きさ、文字の色などの書式を設定すれば、同じものが反映されます。

040

誤入力した単語を正しいつづりに置き換える

単語の置換

間違えた英単語のつづりを直したり、英字の表記をカタカナに変更したいとき、1つひとつ自分の目で探して入力し直すのはとても大変です。Wordの**置換機能**を使えば、一瞬で用語の変換が完了します。

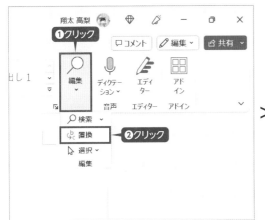

>>

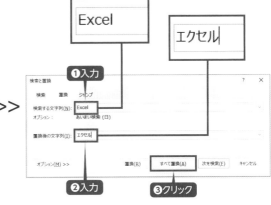

リボンの「ホーム」タブをクリック。続いて、❶「編集」をクリックします。検索のメニューが表示されるので、❷「置換」をクリックします。

❶「検索する文字列」に変更したい語句を、❷「置換後の文字列」に変換後の語句を入力し、❸「すべて置換」をクリックすると、該当する単語が一発で置換されます。

041

全角の文字を半角に変換する

文字の変換

英数字の全角・半角の違いは気付きにくいもの。ひととおり全角で入力し終わったあとに、「半角にして」なんて指示されると大変そうです。しかし、**「文字種の変換」**を使うと実は手軽に半角に変換可能です。

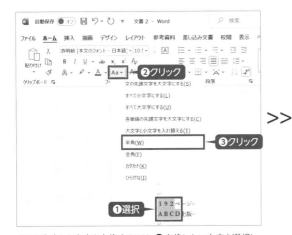

>>

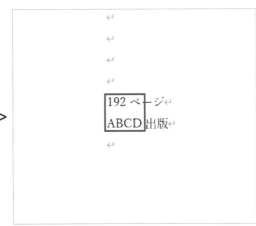

すでに入力した文字を変換するには、❶変換したい文字を選択し、❷ Aa▾ をクリックします。続いて、メニューから❸「半角」をクリックします。

選択した文字が、半角に変換されます。数字とアルファベットのいずれも同時に変換できるので、P.038のテク039を参考に、変換したい文字をまとめて選択してOKです。

042

あいさつなどの定型文を
入力する

初期設定

「拝啓・敬具」といった頭語や結語、「早春の候…」といった時候の挨拶は、ビジネス文書でよく使う定型句です。Wordでは、これを簡単に入力できます。頭語は入力するだけで自動的に結語が表示されます。また時候の挨拶は月別に用意されているので、一年中いつでも対応できます。

1 頭語を入力する

まずは、頭語を入力しましょう。Wordでは、拝啓、謹啓、前略など、一般的な頭語にはおおよそ対応しています。

2 結語が表示される

頭語を入力すると、次の行に対応する結語が自動で表示されます。結語は右揃えで表示されるので、特に書式を設定する必要はありません。

3 時候のあいさつを挿入する

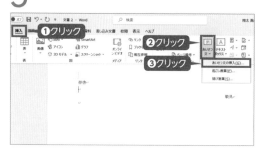

続けて時候のあいさつを挿入します。リボンの❶「挿入」タブをクリックします。続いて、❷「あいさつ文」→❸「あいさつ文の挿入」をクリックします。

4 あいさつ文を選択する

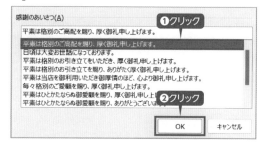

「あいさつ文」のダイアログボックスが表示されます。❶メニューから利用するあいさつ文を選択し、❷「OK」をクリックします。現在の月を入力すると、時期にあったあいさつを表示できます。

5 あいさつ文が挿入される

カーソルのある場所に、手順4で選択したあいさつ文が挿入できました。引き続き、文章の作成を行いましょう。

現在の月を入力するだけで、季節にあったあいさつ文をすぐに選択できます。

043

ワイルドカード

あやふやな文字を検索する

「第○回」や「20XX 年」といった、○や×の部分が違っている似た表記をまとめて消したいときには、置換機能で**ワイルドカード**という文字を使います。ワイルドカードの**「?」は任意の1文字を表す特殊な文字**です。この場所に何の文字が入っても検索対象になるので、一部分だけ違う単語を一気に検索することができるのです。

1 削除したい箇所を確認する

一部分だけ違う単語も、ワイルドカードを使うことで一度に検索することができます。ここでは、「第○回」という部分をまとめて検索し、削除します。

2 「置換」をクリックする

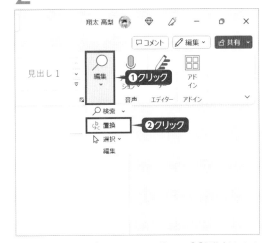

リボンの「ホーム」タブをクリックします。続いて、❶「編集」をクリックして、表示されたメニューから❷「置換」をクリックします。

3 ワイルドカードを入力する

❶「オプション」をクリックし、❷「ワイルドカードを使用する」をオンにします。❸「検索する文字列」に「第?回」と入力します。最後に、❹「すべて置換」をクリックします。

4 まとめて削除する

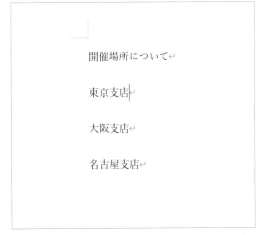

「第○回」という部分がまとめて削除されました。ひとつひとつにカーソルを合わせて削除するよりも、ワイルドカードを使って一度に置換したほうが、より早く削除できます。

> たとえば「第10回」のように、数字の桁が増えることもあるなら、?の代わりに*(アスタリスク)を使いましょう！

044

置換機能の応用

ある単語の色を
まとめて変更する

Wordの置換機能は、置換時に書式を設定することもできます。検索文字列と置換文字列を同じにした状態で、**置換時の書式だけを設定**すれば、たとえば**文字の色だけを置換する**、ということができるのです。また、通常設定するような太字や下線、文字の大きさなどの書式も反映することができます。

1 「検索する文字列」と「置換後の文字列」に同じ語句を入力する

P.041のテク43を参考に「検索と置換」ダイアログボックスを表示します。❶「検索する文字列」と❷「置換後の文字列」に同じ語句を入力し、❸「オプション」をクリックします。

2 オプションで「フォント」を設定する

オプション画面が下部に表示されます。「置換」グループにある❶「書式」をクリックし、表示されたメニューから❷「フォント」をクリックします。

3 フォントの色を指定する

❶「フォントの色」で任意の色を選択し、下部の❷「OK」をクリックします。すると、手順1の「検索と置換」ダイアログボックスに戻ります。

4 すべて置換する

「置換後の文字列」にフォントの色が設定されたことを確認しましょう。設定が完了したら、最後に「すべて置換」をクリックします。

5 書式が置換される

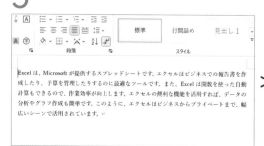
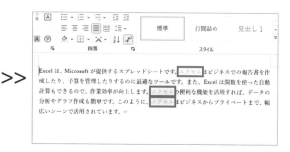

置換した文字が、すべて設定したフォントの色に設定されます。文字の大きさや太字、下線など、さまざまな書式を一度に反映することができます。

045

文章の間違いを探し、修正する

文章の校正

作成した文章に**文字の間違い**があると、それだけで質が低いとみなされますし、信用を失うことにもなりかねません。Wordの**校正機能**を使うと、明らかな誤字脱字やスペルミス、ら抜き言葉のような表現上の問題などを指摘してくれます。これを修正するだけで、文章の品質が保てるでしょう。

1 文書上の間違いと思われる文字の上を右クリックする

文書上に間違いと思われる文字があると、自動的に図のような波線でその箇所が表示されます。表示された文字の上を右クリックします。

2 修正候補から正しい修正候補を選んでクリックする

修正候補が表示されます。内容を確認し、正しい修正候補があったら、クリックします。すると、その内容通りに文字が修正されます。

3 手動で文書全体を校正するときは「校閲」タブをクリックする

手動で文書全体を校正したいときは、リボンの❶「校閲」タブをクリック。「文章校正」グループの❷「スペルチェックと文書校正」をクリックしましょう。

4 修正候補の一覧の中に表示された修正候補をクリックする

間違いと思われるところが表示されます。修正候補の一覧の中に表示された修正候補をクリックすると、クリックした言葉に修正されます。修正しない場合はリストの「無視」をクリックします。

5 「エディターの修正候補の確認が完了しました」というダイアログボックスが表示される

文章すべての確認が終了すると、「エディターの修正候補の確認が完了しました」という内容のダイアログボックスが表示されます。「OK」をクリックして終了しましょう。

誤字脱字やスペルミス、ら抜き言葉まで検索してくれます。

Wordを使いこなす

046

文字カウント

文字や行の数を数える

レポートや課題などで、文字数に制限があることがあります。こんなとき、「**文字カウント**」ボタンを押すと文書内のページ数・文字数・段落数・行数などをカウントできます。文章の一部分を範囲選択してから押すと、その範囲の文字数や行数をカウントできます。

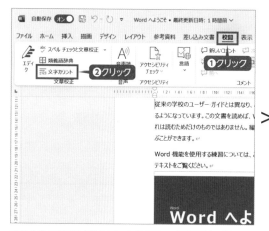

文章全体の文字数を数えます。まず、リボンの❶「校閲」タブをクリックします。次に、「文章校正」グループの❷「文字カウント」をクリックします。

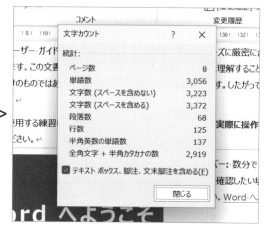

「文字カウント」ダイアログボックスが表示されました。文字数や行数などの詳細を確認できます。なお、Wordのウィンドウ左下にある「○/○文字」をクリックしても表示できます。

047

漢字のふりがな

難しい読みの漢字にふりがなを振る

難しい地名や人名、間違えやすい漢字などには、**ふりがな（ルビ）**を振っておくと親切です。Wordでは、**ルビのダイアログボックス**で読み方を入力するだけで簡単にふりがなを振ることができます。

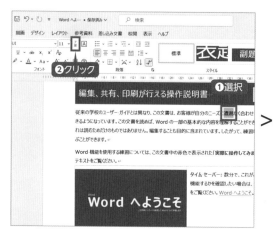

最初に、❶ふりがなを振りたい漢字を選択しておきましょう。リボンの「ホーム」タブをクリックし、❷「ルビ」をクリックします。

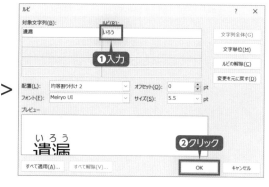

「対象文字列」の欄に選択した漢字が表示されています。その隣の「ルビ」欄に❶ふりがなを入力し、❷「OK」をクリックすると、漢字の上に入力したふりがなが表示されます。

（ 基本 ）

超重要

048 文章をすばやく 中央揃え・右揃えにする

文字揃えの変更

一般的に、Wordは左揃えで文章を書きますが、「ホーム」タブの「段落」では、段落ごとに文字の揃え方を変更できます。このうち、よく使う「**中央揃え**」と「**右揃え**」はショートカットで覚えてしまいましょう。「**左揃え**」にする方法も合わせて紹介します。

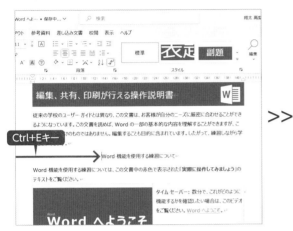

Ctrl+Eキー

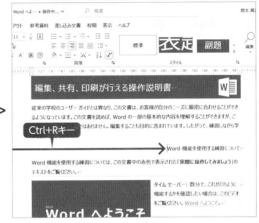

Ctrl+Rキー

まずは中央揃えに設定しましょう。段落を設定したい行にカーソルを動かし、Ctrl+Eキーを押します。すると、カーソルのある段落の文字が中央揃えに変更されます。

次に、Ctrl+Rキーを押すと、カーソルのある段落の文字が右揃えに変更されます。なお、左揃えに戻すときには、Ctrl+Lキーを押しましょう。

049 段落ごと字下げして 表示する

インデントの設定

段落の先頭の位置を変更したい場合は、ルーラーで**左インデント**の位置を変更します。左インデントは字下げと違い、設定すると2行目以降のテキストも1行目と同じ位置に移動します。

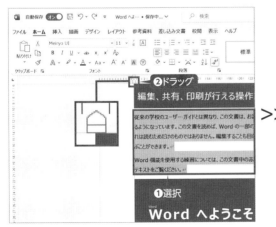

❷ドラッグ

❶選択

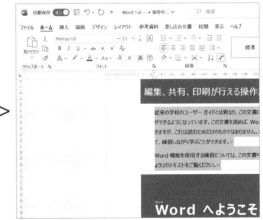

段落ごと字下げするには、まず❶位置を変更したい段落を選択します。次に、❷ルーラーの下側にある（左インデント）を右にドラッグします。

右にドラッグした分だけ、文章の開始位置が段落ごと右に移動します。ルーラーが表示されていない場合は、「表示」タブからチェックを入れましょう。

Wordを使いこなす

050

1行目の開始位置を
1文字分右にずらす

字下げ
インデント

文章を書くとき、1文字目に段落のための全角スペースを入力するのが面倒なときもあるでしょう。段落に**字下げインデント**を設定すれば、改行したときに**自動で1文字分字下げ**された状態で入力が始められます。

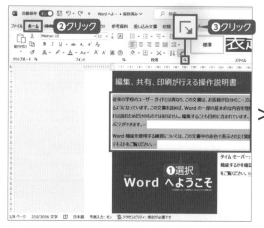 >>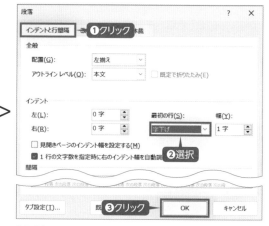

入力後の文章に字下げを設定します。❶字下げしたい文章を選択し、リボンの❷「ホーム」タブをクリック。次に、❸「段落」グループの 🔽 をクリックします。

「段落」ダイアログボックスが表示されます。❶「インデントと行間隔」タブをクリックして開き、❷「最初の行」で「字下げ」を選択して、❸「OK」をクリックします。

051

段落の折り返し位置を
左側に狭める

右インデント

文章の一部分だけ右端を狭めて折り返し位置を調整したいときは、「**右インデント**」を設定します。左インデント（テク049参照）とは逆にルーラーの右側にある △ をドラッグして位置を決めます。

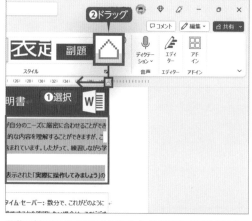 >>

段落の折り返し位置を狭めます。まず、❶折り返し位置を狭めたい段落を選択しておきます。次に、❷ルーラーの右側にある △ を左側にドラッグします。

左にドラッグした分だけ、選択した文章のみ折り返し位置が左側に狭まります。

052

タブで区切った
文字の位置を揃える

タブ
インデント

タブを挿入すると、次の文字が特定の位置まで移動します。しかし左側の文字数が不統一だと、移動する位置がずれて見苦しくなります。このような場合は**タブインデント**を使って、文字の位置を揃えましょう。左側の「**タブセレクター**」から、任意の設定で文字の位置を揃えることができます。

1 タブインデントで文字の位置を揃える

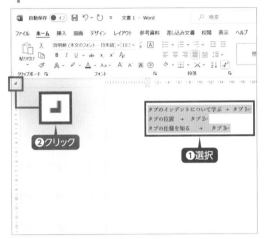

まずは❶タブインデントを設定したい段落を選択します。次に、❷ルーラーの左欄のボックスをクリックして、アイコンを「└」に切り替えます。

2 タブインデントが追加される

ルーラーの下のグレー部分をクリックすると、その場所にタブインデントが追加され、タブインデントに合わせて段落の文字の位置が揃います。

「タブセレクター」で、文字の位置をきれいに揃えましょう。

Wordを使いこなす

Tips

3つのタブインデントを使い分ける

タブインデントには上で紹介した左揃えのほか、中央揃えと右揃えの3種類があり、ルーラーの左端のボックスをクリックすることで切り替えることができます。

「┴」(中央揃え)のタブインデントはタブの後ろの文字を中央揃

えにし、「┘」(右揃え)のタブインデントはタブの後ろの文字を右揃えに設定します。シチュエーションにあわせて3つのタブインデントを上手に使い分けましょう。

┴	タブの後ろの文字を中央揃えに設定する

┘	タブの後ろの文字を右揃えに設定する

クリップボード	フォント	段落

中央揃え

タブのインデントについて学ぶ　　　→　　　タブ1
タブの位置　　　　　　　　　　→　　　タブ2
タブの仕様を知る　　　　　　→　　　タブ3

クリップボード	フォント	

右揃え

タブのインデントについて学ぶ　　　→　　　タブ1
タブの位置　　　　　　　　→　　　タブ2
タブの仕様を知る　　　　　→　　　タブ3

053

金額……10円のように空白にリーダーをつける

タブ リーダー文字

文字と文字の間を「……」のようなリーダー線で結ぶと、関連性を強調できてわかりやすくなります。「.」「…」「・」などの文字を直接入力するとほかの行の文字位置とズレて調整が面倒ですが、Wordの「リーダー線」機能を使えば**自動的に最適な長さのリーダー線**を挿入できます。

1 範囲を選択して「段落」ダイアログを表示

❶リーダーを付けたい段落を選択し、❷「ホーム」タブの「段落」グループにある をクリックします。

2 「タブ設定」を開く

「段落」ダイアログが表示されたら、「タブ設定」をクリックしましょう。

3 文字数とリーダーの種類を選択

❶「タブ位置」の入力欄に文字数を入力します。❷タブの配置方法を選択し、❸リーダーの種類を選択したら、❹「OK」をクリックしましょう。

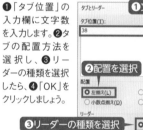

4 カーソルを合わせて「Tab」キーを押す

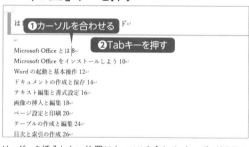

リーダーを挿入したい位置にカーソルを合わせ、キーボードのTabキーを押します。

5 リーダーが挿入された

カーソルの位置にリーダーが挿入されました。範囲選択したほかの段落も同様の手順でリーダーを挿入できます。

Tips

「タブ位置」の文字数とは

「タブとリーダー」ダイアログの「タブ位置」には、文字数を入力する必要があります（※本項手順03参照）。どの数値を入力すればよいかわからない場合は、ルーラーに表示されている文字数を確認してみましょう。例えば本書の手順01〜05では、左から38文字目にリーダーを挿入するよう設定しています。

054

段組みの設定

段組みで長い文章を
すっきり見せる

文字や図を2段以上にわけて配置することを**段組み**といいます。文章が長い場合、段組みにすると文章が読みやすくなることがあります。Wordの段組み機能を使えば、新聞のように**複数の段に分けた文書**を作ることができます。さらに、段組みの詳細設定から、段の数や段ごとの間隔なども調整できます。

1 段組みの種類を選択する

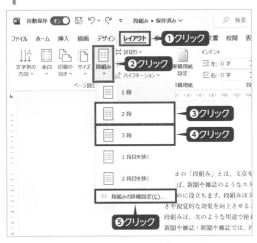

❶「レイアウト」タブをクリックして表示し、❷「段組み」をクリックすると、主な段組みの種類が表示されます。ここからそれぞれの段組みに設定することができます。

2 2段の段組みを設定する

手順1で❸「2段」をクリックしてみましょう。このように、1ページの本文が、2段に区切られて表示されます。左から右に向かって読むことができます。

3 3段の段組みを設定する

手順1で❹「3段」をクリックしてみましょう。1段の文字数がさらに少なくなり、本文が3段に区切られて表示されます。「1段」を選択すると、最初の表示に戻すことができます。

4 詳細を設定する

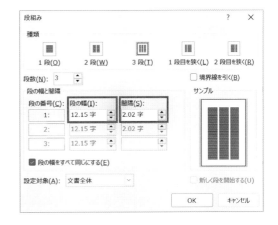

手順1で❺「段組みの詳細設定」をクリックすると、詳細を設定できます。「段の幅」で段ごとの文字数、「間隔」で段の間の余白のサイズを変更できます。

文章を選択してから段組みの設定をすると、選択した範囲だけを段組みにできる!

055

スタイル

強く見せたいところに
強調スタイルを適用する

Wordには、強調したい文字のデザインを一括で適用できる「**スタイル**」という機能が用意されています。この機能を使えば、その都度デザインを変更しなくても**まとめて装飾**できるので便利です。

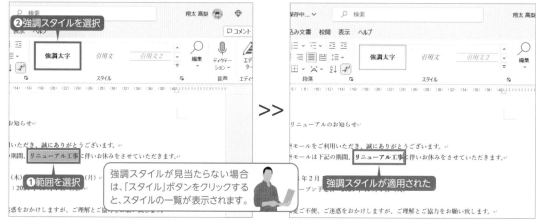

❶スタイルを適用したい文字列を選択し、❷「ホーム」タブの「スタイル」グループの一覧から強調スタイルを選択します。ここでは、例として「強調太字」をクリックします。

選択した文字列に強調スタイルが適用されました。

056

スタイル

見出し部分に
見出しスタイルを適用する

文書の見出しの装飾をその都度設定するのは面倒です。Wordには見出しのデザインを一括で設定できる「**見出しスタイル**」という機能が用意されています。この機能を使えば、まとめて見出しを装飾できます

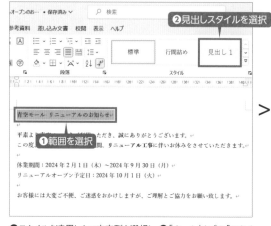
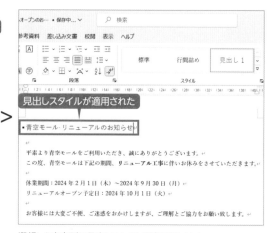

❶スタイルを適用したい文字列を選択し、❷「ホーム」タブの「スタイル」グループの一覧から見出しスタイルを選択します。ここでは、例として「見出し1」をクリックします。

選択した文字列に見出しスタイルが適用されました。

057

スタイル

スタイルを変更して
強調部分や見出しを目立たせる

超重要

一度適用したスタイル（テク055〜056を参照）の強調部分や見出しをより目立たせたい場合は、**スタイルの設定を更新する**こともできます。方法はいくつかありますが、一番簡単なのは、あらかじめ変更しておいたデザインをスタイルに反映させる方法です。

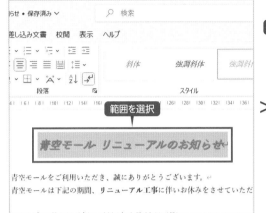

>>

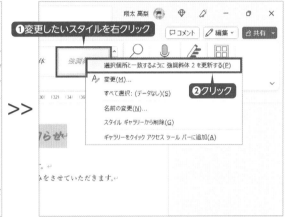

スタイル適用後に見出しや強調部分のデザインを変更し、変更した文字列を範囲選択します。

❶［ホーム］タブの［スタイル］グループの一覧から適用しているスタイルを右クリックし、❷［選択箇所と一致するように（スタイル名）を更新する］をクリックすると、スタイルのデザインが変更されます。

058

スタイル

スタイルセットを選んで
文書全体のデザインを変える

Wordには、見出し・副題・強調・引用文などに使用するスタイルをまとめた「**スタイルセット**」が用意されています。スタイルセットを適用すれば、文書全体に一括でスタイルを反映できて大変便利です。

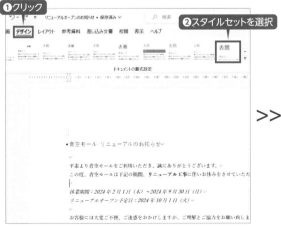

>>

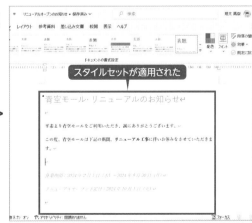

❶［デザイン］タブをクリックし、❷［ドキュメントの書式設定］グループの一覧からスタイルセットを選択します。ここでは、例として［基本スタイリッシュ］をクリックします。

選択したスタイルセットが文書全体に適用されました。

059

文字サイズを変えても適切な 行間になるよう設定する

行間

Wordで文字サイズを変更すると、**行間が大きく開き、おかしな見栄えになることはな**いでしょうか。これは、既定の設定では1ページ33行となるよう設定されているためです。文字サイズを大きくすると、フォントの縦サイズが1行をはみ出してしまい、強制的に2行分を割り当てられてしまいます。以下の方法で**文字サイズを変えても適切な行間になるように設定**しましょう。

1 「ページ設定」ダイアログ ボックスを表示する

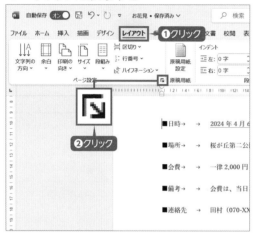

文字サイズを大きくすると、このように行間が開いてしまうことがあります。この設定を変更するには、❶「レイアウト」タブの「ページ設定」グループで❷ 🖿 をクリックします。

2 行数の設定を解除する

「ページ設定」ダイアログボックスが表示されたら、❶「文字数と行数」タブを開きます。❷「標準の文字数を使う」にチェックをつけて、❸「OK」をクリックしましょう。

3 適切な行間に設定される

ページ全体の行間が適切に設定され、不自然に長い行間が解消されました。

Tips

使用するフォントに気をつける

「ページ設定」ダイアログボックスの「文字数と行数」タブで「標準の文字数を使う」を選択すると、フォントにもともと設定されている値をもとに行間が設定されます。例えば、「MSゴシック」や「MS明朝」といった古くから使われているフォントは、行間がかなり狭めに設定されているため、そのまま使うと窮屈な印象を与えかねません。広めの行間が設定されている「游ゴシック」「游明朝」を利用することをおすすめします。

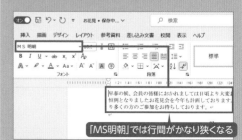

「MS明朝」では行間がかなり狭くなる

060

箇条書き

箇条書きに
階層を作る

箇条書きは行頭でTabキーを押すことで、階層のある箇条書きにできます。箇条書きの構造を見やすく、わかりやすく示すことができます。会社の組織図などを作成する際にも役立ちます。

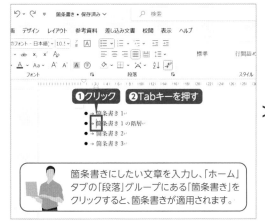

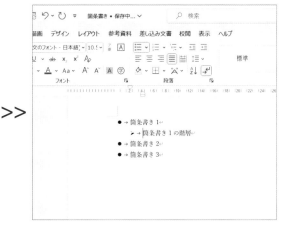

まずは、箇条書きで文章を作成しましょう。そして❶階層化したい行の行頭にカーソルを移動します。続いて、❷Tabキーを押しましょう。

箇条書きが階層化され、適当な位置に行頭が移動しました。さらに、行頭文字も変わっているので箇条書きがわかりやすくなりました。ここから、さらに階層を追加することもできます。

W
o
r
d
を
使
い
こ
な
す

061

箇条書き

箇条書きの途中で
改行する

箇条書きの途中で文章を改行すると、改行したところにも行頭文字が表示されてしまいます。このようなときはShift+Enterキーを押せば、行頭文字を表示せず改行することができます。

超重要

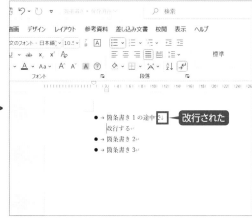

箇条書きにされている文章で操作します。まずは❶改行したい位置にカーソルを移動しましょう。続けて、❷Shift+Enterキーを押します。

カーソルの位置で、強制的に改行されます。行頭文字も設定されておらず、さらに階層の位置に合わせて改行されるので、読みやすい文章になります。

062 縦書きの文書を作成する

文字列の方向

Wordは初期状態では横書きで文書が作成されますが、小説や賞状など縦書きのほうが最適な文書もあります。このような場合は、「**文字列の方向**」機能で縦書きに変更しておきましょう。横書きで作成した文書も、後から縦書きに変更できます。

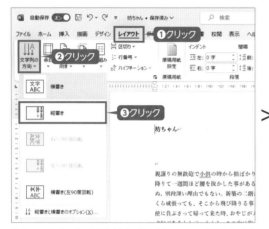

>>

❶[レイアウト]タブの❷[文字列の方向]をクリックし、❸[縦書き]をクリックします。

文書が縦書きに変更されました。横書きで作成した文書も自動的に変更されます。

---

063 縦書きの数字を縦に並べる

文字の向き

横書きで入力した半角英数字は、文書を縦書きにすると自動的に横向きになってしまいます。このような場合は、英数字を全角で入力すると縦向きとして反映されます。

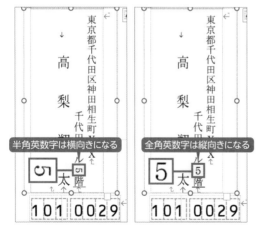

縦書きの文書で半角英数字を入力すると自動的に横向きになりますが、全角英数字を入力すると縦向きとして反映されます。

---

064 縦書きで2〜3桁の数字を横に並べる（縦中横）

縦中横

半角英数字は、文書を縦書きにすると自動的に横向きになってしまいます。かといって2〜3桁の数字は、全角にして縦に並べてもあまり読みやすくありません。このような場合は、「**縦中横**」機能を使えばまとめて縦向きに変更できます。

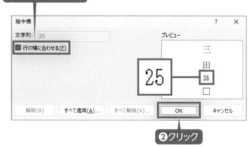

縦向きにしたい半角英数字を選択し、[ホーム]タブの[拡張書式]→[縦中横]をクリックします。[縦中横]ダイアログが表示されたら、❶[行の幅に合わせる]にチェックを付けて、❷[OK]をクリックすると選択した文字が縦向きに変更されます。

Word

065

書式のリセット

書式を初期状態に
リセットする

インデントやフォントの色の設定などを取りやめたいとき、一つひとつ手作業で直していくのは面倒です。「すべての書式をクリア」ボタンを使えば、クリック一回で書式をまとめて解除できます。

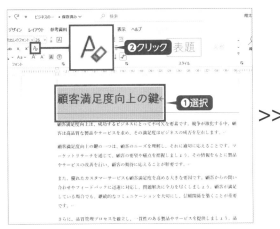

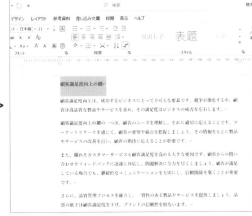

文章の中で、❶書式を解除したい文字を選択します。続いて、❷リボンの「ホーム」タブをクリックし、「すべての書式をクリア」ボタンをクリックしましょう。

文章に設定されていた書式がすべて解除され、初期状態にリセットされます。

066

表の作成

超重要

タブ区切りのテキスト
から表を作成する

Excelの専売特許と思われがちな表ですが、Word上でも作成できます。あらかじめ枠を作ることもできますが、ここではより手軽に利用できる、タブ区切りのテキストを表に作り替える方法を紹介します。

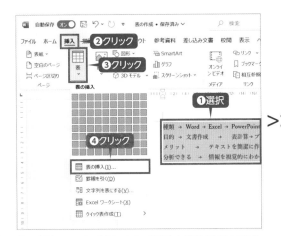

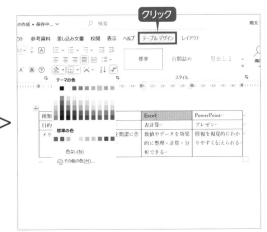

❶タブ区切りのテキスト（表にしたい要素をタブと改行でわけて記したテキスト）を選択し、❷リボンの「挿入」→❸「表」→❹「表の挿入」をクリックします。

テキストが表に変換されます。枠線をドラッグしてサイズを調整したり、「テーブルデザイン」タブでセルの色を変えたりして、見やすく調整しましょう。

067 表の見た目を さっと整える

表の作成

資料に添付する表は、データの内容や正確さが大切です。しかし、罫線だけの表では味気ないですし、見にくいでしょう。こんなときは、**表のスタイルの中からデザインを選択するだけ**で、表の見た目をさっと整えることができます。

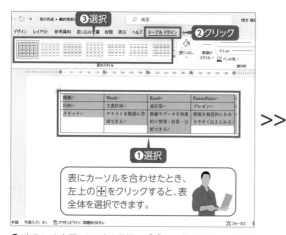
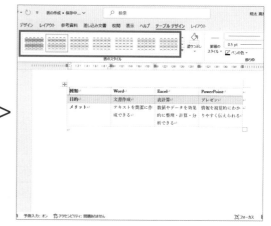

❶デザインを変更したい表を選択し、❷「テーブルデザイン」タブの「表のスタイル」の中から❸デザインを選択すると、表がそのデザインに変わります。

セルの色だけでなく、フォントや罫線の種類も自動で設定されるデザインもあります。

068 表の行列を 追加する

表の作成

表を作成中、新たに行や列が必要になった場合は適宜追加しましょう。Wordでは「表ツール」の「レイアウト」タブに行や列の追加のメニューがありますが、**表の行間や列間にマウスのポインタを合わせる**ことでも追加できます。

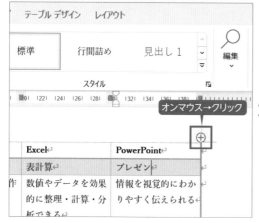
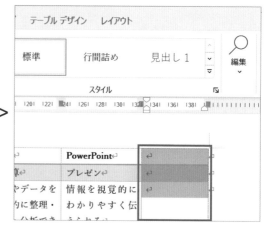

列を追加したいところ（ここでは、表の作成の列の右）の上端にマウスのポインタを合わせます。画面上に「＋」の記号が表示されるので、これをクリックします。

列が追加されます。なお、行を追加したい場合は、行を追加したいところの左端にマウスのポインタを合わせて、同じように表示された「＋」の記号をクリックしましょう。

069

表の作成

表の行列を
削除する

テク068とは逆に、表の行や列がいらなくなった場合は削除しましょう。削除したい
行または列を選択し、**右クリックメニューで削除**するのが基本ですが、**Backspace
キー**でも削除できます。

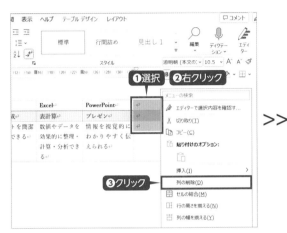 >>

表の中で、❶削除したい列全体を選択します。次に、❷マウスを右ク
リック。表示されたメニューの中から、❸「列の削除」をクリックしま
しょう。

選択した列が削除されました。なお、前の手順の❷・❸の操作の代
わりに、Backspaceキーを押しても同様に削除できます。操作の短
縮になるので、ぜひ使ってみましょう。

070

表の作成

表のセルを
結合する

表内のセルを結合すると、**複数のセルが1つの大きなセル**になります。結合後のセル
にも他のセルと同様に文字を入れられるので、たとえば表全体にかかる見出しなどを
入れるのに役立ちます。

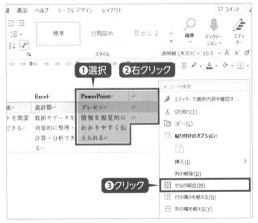 >>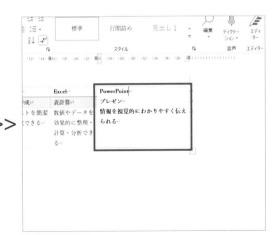

❶結合したいセルをマウスで選択します。次に、❷マウスを右クリック
します。表示されたメニューの中から、❸「セルの結合」をクリックしま
す。

選択したセルが結合し、1つの大きなセルになりました。通常のセル
と同様、結合したセルにも文字を入力することができます。複数の行
にかかる見出しなどを作成したいときに便利です。

071

画像の挿入

文書に画像を挿入する

会社のロゴや商品の画像などを文書に追加すると、コンテンツの充実度が増し、説得力も高まります。ここでは**パソコン内の画像を挿入**し、きれいにレイアウトするテクニックを紹介します。画像を行の中に挿入したり、背面に設定し画像の上に文章を表示させるなど、配置について細かく設定できます。

1 画像の挿入を選択する

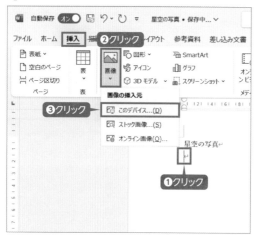

まず、❶画像を挿入したい位置にカーソルを移動します。続いて、❷リボンの「挿入」タブをクリック。❸「図」にある「画像」→「このデバイス」をクリックします。

2 挿入したい画像を選択する

「図の挿入」画面が表示されます。❶挿入したい画像のある場所を表示し、挿入する画像をクリックします。続いて、❷「挿入」をクリックしましょう。

3 画像が挿入される

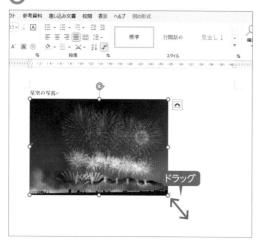

カーソルの位置に画像が挿入されました。画像の周りにある「○」をそれぞれドラッグすると、画像のサイズを調整することができます。

4 折り返しについて設定する

画像にテキストや表などを回り込ませたいときは、❶ ⌒ をクリックして「文字列の折り返し」メニューを表示します。❷ ⌒ をクリックし、画像をドラッグして位置を調整しましょう。

072

図形の作成

図形を作成して
文書のタイトルを装飾する

文書のタイトル周りがさみしいときは、図形で装飾すると効果的です。ただし過剰な装飾はビジネス文書にはそぐわないので注意しましょう。ここでは図形を作成し、テキストの背面に移動する技を紹介します。「挿入」タブにある「図形」をクリックすると、さまざまな図形が表示されます。大きさも自由に変えられるので、タイトルを効果的に装飾しましょう。

1 図形を選択する

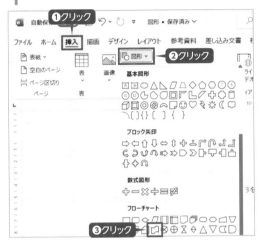

❶「挿入」タブをクリックし、❷「図」の「図形」をクリックします。❸メニューから、作成したい図形（ここでは ⬜ をクリックして選択します）。

2 図形を挿入する

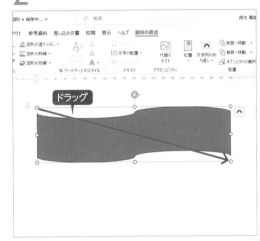

続いて、図形を作成したいところでマウスをドラッグすると、その大きさで図形が作成できます（ここでは題名の上に作成しています）。

3 テキストの背面に移動する

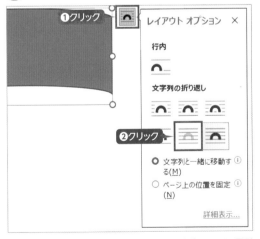

題名が見えないので、テキストの背面に図形を移動しましょう。図形の横に表示された❶ をクリックし、次に❷ をクリックします。

4 書式を調整する

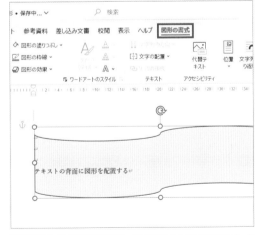

図形がテキストの背面に移動し、題名が見えるようになりました。あとは、「図形の書式」タブをクリックし、色やデザインなどを変えて好みの形を作りましょう。

073

複数の図形や画像を
きれいに並べる

図形の作成

図形を複数使って図を作るとき、マウス操作で配置すると、上下左右がきれいに揃わないことがあります。「図形の書式」タブの「配置」を利用すれば、上下左右を機械的に揃えることができます。この機能を使えば図形をぴったり並べられ、図もかっこよく仕上がります。

1 上側の配置を揃える

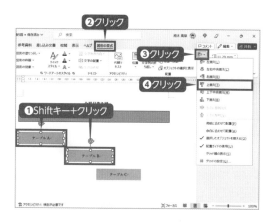

イベントの見取り図を作る例です。テーブルA・BをShiftキーを押しながらクリックし、❷「図形の書式」タブの❸「配置」→❹「上揃え」をクリックします。

2 上揃えが適用された

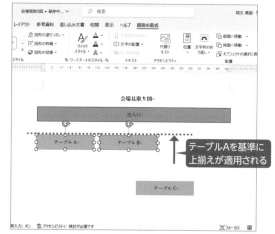

上揃えの場合、複数選択した図形のうち、一番上にある図形の上側に、他の図形の上側が揃います。ここでは、テーブルAの上側にテーブルBの上側が揃えられました。

3 側面の配置を整える

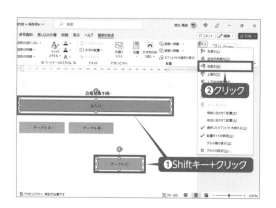

続けて、テーブルCの右側を「出入口」の右側に揃えます。テーブルC・出入口を❶Shiftキーを押しながらクリックし、「図形の書式」タブの「配置」→「配置」→❷「右揃え」をクリックします。

4 右揃えが適用された

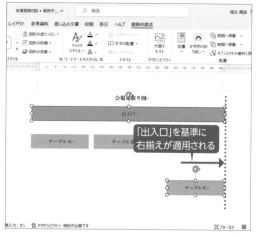

右揃えの場合、複数選択した図形のうち、一番右にある図形の右側に、他の図形の右側が揃います。ここでは、出入口の右側にテーブルCの右側が揃えられました。

自分の手で動かすよりも、早くきれいに揃えられます！

074

図形の作成

同じ図形を連続して描く

同じ形の図形を何度も描くとき、サイズも同じでよければコピー・貼り付けでいいのですが、**サイズだけを変えたい場合**は、マウスで連続して描けると便利です。「挿入」タブの「図形」の一覧から図形を選ぶと、選んだ図形を連続で描けるようになります。

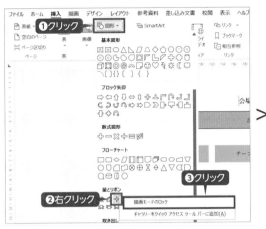
>>
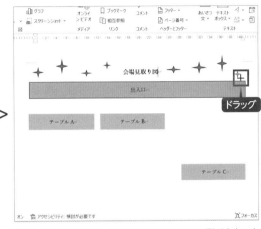

「挿入」タブをクリックし、❶「図形」をクリックします。表示された図形の中から描きたい図形を❷右クリックし、❸「描画モードのロック」をクリックします。

選択した図形の描画モードになり、マウスポインタの形が十字に変わります。この状態でマウスをドラッグすれば、次々に同じ形の図形を描けます。

075

図形の作成

複数の図形をグループ化する

図形をきれいに配置した図を作っても、図を移動させたことなどが原因でずれることがあります。**図形をグループ化**すると、こうしたずれを防げます。また移動もまとめてできるようになるので便利です。

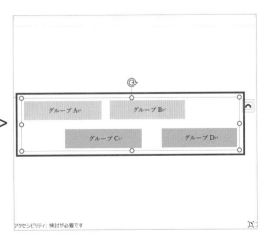
>>

❶「Shift」キーを押しながらグループ化したい図形をクリックして選択します。すべて選択したら、❷図形を右クリック→❸「グループ化」→❹「グループ化」をクリックします。

図形がグループ化されました。すべてまとめて移動できる状態になります。なお、グループ化された図を右クリックし、「グループ解除」をクリックすると、グループが解除されます。

（ 基本 ）

076

ヘッダーとフッター

印刷用紙に書類の名前や
会社名、ページ数を入れる

文書の各ページの上側には**ヘッダー**、下側には**フッター**という領域があります。できあがった資料を配布する際は、ここに会社名やページ数を入れると親切です。ページ数などの情報は自動的に更新できるように設定することもできます。資料に変更があったときでも、修正作業が不要になるので便利です。

1 ヘッダーを選択する

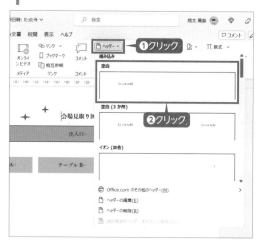

リボンの「挿入」タブの「ヘッダーとフッター」から❶「ヘッダー」をクリックします。表示された一覧から、❷空白のヘッダーをクリックします。

2 ヘッダーが設定された

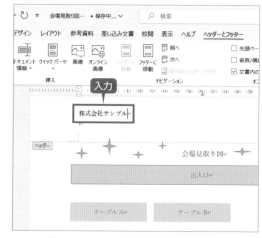

文章の上部にヘッダーが設定され、ヘッダーの入力画面が表示されました。ここに、表示したいヘッダーを入力します（ここでは会社名を入力します）。

3 フッターを選択する

続けて、フッターを設定します。同じく「挿入」タブの「ヘッダーとフッター」から、❶「ページ番号」→❷「ページの下部」→❸「番号のみ2」をクリックします。

4 フッターが選択された

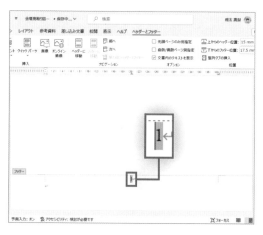

フッターが設定され、フッター部分の中央にページ番号が表示されています。次のページに進むと、ページ番号も自動的に増えていくので、入力する必要はありません。

すべてのページに自動で設定されるので便利です!

077

宛名印刷で葉書の表面をまとめて印刷する

宛名印刷

葉書の宛名面を宛先ごとに入力するのは、大変手間がかかります。このような場合は、「**宛名印刷**」機能を使うと、指定した位置へ「郵便番号」「住所」「名前」などの情報を反映できるので大変便利です。なお、宛名印刷を使うには、あらかじめ**住所録のデータ**を作成しておく必要があります。

1 宛先リストを作成する

❶[差し込み文書]タブの❷「宛先の選択」→[新しいリストの入力]をクリックします。すでにアドレス帳データがある場合は手順1と2は不要です。

2 データを入力する

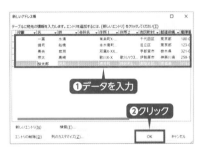

❶[新しいアドレス帳]ダイアログが表示されたら、[名][姓]など各項目に入力していきます。新しい人を追加する場合は[新しいエントリ]をクリックしましょう。データ入力が完了したら、❷[OK]をクリックします。

3 宛名面印刷ウィザードを起動する

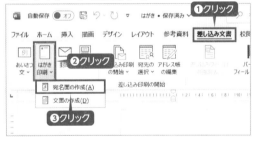

❶[差し込み文書]タブで、❷[はがき印刷]→❸[宛名面の作成]をクリックします。

4 はがきの種類や様式を設定する

宛名面印刷ウィザードが起動したら、[次へ]をクリックします。画面の指示に従い、はがきの種類・様式・フォントの種類・差出人情報などを設定していきましょう。

5 アドレス帳データを差し込む

❶[既存の住所録ファイル]を選択して❷[参照]をクリックし、手順01～02で作成したアドレス帳データを読み込みます。最後に、❸[次へ]→[完了]をクリックして宛名面の作成を完了します。

6 住所が反映された

アドレス帳の情報が反映された宛名はがきが表示されます。印刷する場合は❶[差し込み文書]タブで、❷[完了と差し込み]→❸[文書の印刷]をクリックします。印刷範囲を設定し、プリンターの設定を行って印刷しましょう。

078

文字の装飾

文字に
アンダーライン
を引く

テク030の太字・斜体と同様に、文字に**アンダーライ
ンを引く**ショートカットキーの**Ctrl+U**も用意されて
います。タイトルや見出し、重要なポイントなどに引くと
効果的です。

Ctrl+Uキーを押してから入力すると、アンダーラインのついた文
字を入力できます（文字を選択してからCtrl+Uキーを押しても同
様の設定ができます）。

079

文字の装飾

文字の種類や
色を変える

文字の種類や色など、より細かな設定をしたい場合に
は、「**フォント**」のダイアログボックスを利用しましょう。
すでに紹介した太字や斜体、フォントサイズの変更も
可能です。

Ctrl+Dキーを押すと、この「フォント」画面がすぐに開けます。ここ
から、文字の種類、スタイル、サイズ、色、飾りなどの細かな設定
が可能です。

080

便利な変換

変換中の
文字を
ひらがなにする

入力した文字が間違った漢字や、カタカナ・英字などに
変換されそうなときには、**F6キー**が役立ちます。変換
を確定する前に押せば、再びひらがなに戻すことがで
きます。

間違えてカタカナに変換されそうになったときは、確定前にF6
キーを押しましょう。すると、変換前のひらがなに戻すことができま
す。

081

便利な変換

変換中の
文字を
カタカナにする

入力した文字を**カタカナ**にしたいとき、スペースキー
を何度か押しても変換できますが、**F7キー**のほうがス
ムーズ。1回押すだけでカタカナに変換することができ
ます。

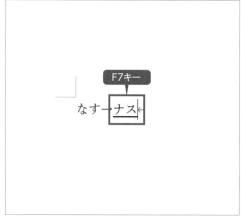

文字を入力し、変換するときにSpaceキーではなく「F7」キーを押
すと、文字がすぐにカタカナに変換されます。さらに「F7」キーを
押すと、末尾から一文字ずつひらがなに戻せます。

082 | 変換中の文字を全角英字にする

便利な変換

「JAPAN」と入力したいのに、日本語入力モードだったために「じゃぱn」になることがあります。こんなとき、文字の確定前に**F9キー**を押すと、**全角英字**に変換できて便利です。

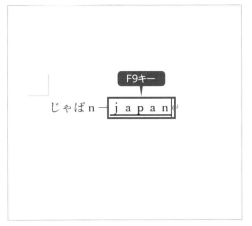

文字を入力し、変換するときにF9キーを押すと、全角英字に変換されます。なお、2度押すとすべて大文字、3度押すと頭文字だけ大文字となります。

083 | 変換中の文字を半角英字にする

便利な変換

テク082と同様に、文字の確定前にF10キーを押すと**半角英字**に変換できます。日本語入力モードを切り替えることなくF9・F10キーで英字に変換できるので便利です。

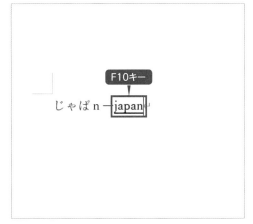

文字を入力し、変換するときにF10キーを押すと、半角英字に変換されます。なお、2度押すと大文字、3度押すと頭文字だけ大文字となります。

084 | 変換をやめて文字を消去する

便利な変換

文字の変換中に「やっぱり入力をやめよう」と思ったら、**Escキー**が役立ちます。変換中の文字をもとのひらがなに戻すだけでなく、確定前の文字を消去することもできます。

変換の確定前に「Esc」キーを1度押すと、画面のとおり1つの文節がひらがなに戻ります。2度押すと変換中のすべての文字がひらがなに、3度押すと確定前の文字をすべて消去できます。

085 | ©マークをすばやく入力する

記号と特殊文字

商品やサービスの名前につく**©マーク**は、著作権を表す記号です。これを手っ取り早く入力するには、**(c)と入力**することです。Wordが自動的に©マークに差し替えてくれます。

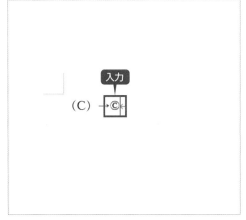

入力モードを半角英数にした上で、(c)と入力します。すると、(c)の表示が自動的に©マークに差し替えられます。™マークも(tm)と入力することで自動的に変換されます。

086
記号と特殊文字

特殊な記号や
文字を
入力する

Wordには特殊な記号や文字が多数用意されています。「挿入」タブ→「記号と特殊文字」でそれらの一覧を開き、使いたい文字をクリックすると、その文字が挿入されます。

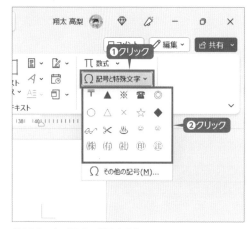

「挿入」タブの「記号と特殊文字」をクリックすると、この画面が表示されます。❶記号・特殊文字を選択し、❷「挿入」をクリックすると、選択した記号・特殊文字が挿入されます。

087
コピー・貼り付け

ウェブサイト
の文字だけを
貼り付ける

ウェブサイトの文字をコピーして貼り付けるときは、「貼り付けのオプション」で**「テキストのみ保持」**を選択しましょう。ウェブサイトの余計な書式を反映せず、文字だけが貼り付けられます。

ウェブサイトの内容をコピーしたあと、❶右クリック→❷「貼り付けのオプション」にある「テキストのみ保持」をクリックします。すると、ウェブサイトの文字だけが貼り付けられます。

088
罫線の挿入

罫線を簡単に
入力する

ページの幅いっぱいに伸びる罫線を入力するときは、「---」または「===」と、記号を3つ入力してみましょう。入力オートフォーマットという機能によって、罫線が入力されます。

上は「---」、下は「===」と入力した結果です。ほかにも、「＿＿＿」（アンダーバー）、「***」（アスタリスク）、「###」（シャープ）などで種類の違う罫線となります。

089
リンクの削除

ハイパー
リンクを
削除する

URLに設定される**ハイパーリンク**は、右クリックメニューだと1つずつしか消せません。Ctrl+Shift+F9キーを押すと、選択した範囲のハイパーリンクをまとめて消去できます。

Ctrl+Shift+F9キー

http://xxx.example.jp
http://yyy.example.jp
http://zzz.example.jp

削除したいハイパーリンクをすべて選択し、「Ctrl+Shift+F9」キーを押すと、選択範囲のハイパーリンクをすべて削除できます。

Excel
を使いこなす

超重要↓

Excel

メインとなる画面の 名称と機能を覚えよう!

表を作ってデータを整理したり、合計を計算したりといった用途にはExcelが活躍します。Excelの機能は奥深いものがありますが、本書で紹介する基本的な機能を押さえておけば、職場でも即戦力として活躍できるはず! 少しずつでも練習してぜひマスターしましょう。

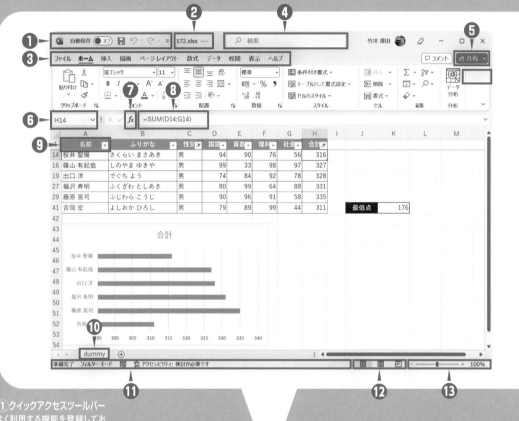

①クイックアクセスツールバー
よく利用する機能を登録しておくためのツールバーです。どの画面からでも1クリックで登録した機能を呼び出せます。

②タイトルバー
現在開いているファイルの名前が表示されます。

③リボン
Excelの各種機能を呼び出すためのメニューです。「ファイル」「ホーム」「挿入」「描画」「ページレイアウト」「数式」「データ」「校閲」「表示」「ヘルプ」の10個のタブがあります。

④ヘルプ
キーワードを入力することで、使いたい機能を実行したり、ヘルプを確認したりすることができます。

⑤共有
ブックをOneDriveに保存して、ほかのユーザーと共有することができます。

⑥名前ボックス
選択したセルや範囲の名前を表示します。名前を入力することで、セル範囲に任意の名前を付けることもできます。

⑦関数の挿入
クリックすると、「関数の挿入」ダイアログボックスが表示され、関数が入力できます。

⑧数式バー
セルに入力している数式が表示されます。ここから数式を編集することもできます。

⑨セル
データを入力する格子状のスペース。ここに文字や数値などを入力してさまざまに活用します。

⑩シート
ブックに作成されているシート

の一覧が表示されます。「+」をクリックすると、新しいシートを追加できます。

⑪ステータスバー
平均、データの個数、合計など、選択しているセルに関するさまざまな情報が表示されます。

⑫画面モード
編集画面の表示を「標準」「ページレイアウト」「改ページプレビュー」の3つから選択できます。

⑬表示倍率・ズームバー
編集画面の表示倍率を調整できます。

カーソル
Excelでは、ワードのような「I」字のカーソルはなく(セルに文字を入力するときは表示されます)、セルを選択する四角い枠がカーソルとなります。カーソルで選択しているセルはアクティブセルと呼びます。

フィルハンドル
アクティブセルの右下に表示される■のことを「フィルハンドル」といいます。目立たないパーツですが、オートフィルなどで頻繁に使うのでぜひ覚えておきましょう。

（　基本　）

090

オートフィル

連続する番号や
日付を入力する

日付を入力したセルの右下にある-📱 を下や右方向にドラッグしてみましょう。これだけ
で簡単に1日ずつずれた日付を入力できます。この機能を**オートフィル**といい、金額や
時間などの数値でも利用できます。また、数字を入力したセルの-📱 をCtrlキーを押し
ながらドラッグすると、**連番が入力**できます。

1 日付を入力したセルのフィルハンドルを下方向にドラッグする

	A	B	C	D	E
1	日付	曜日	予定		
2	12月1日 ⟵ドラッグ				
3					
4					
5					
6					
7					
8					
9					
10					
11					
12					
13					
14					

オートフィルの機能を使って、日付を自動入力します。まずは基準となる日付を入力し、日付を入力したセルの-📱 を下方向にドラッグします。

2 日付が1日ずつ後ろにずれて表示される

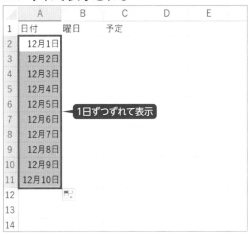

	A	B	C	D	E
1	日付	曜日	予定		
2	12月1日				
3	12月2日				
4	12月3日				
5	12月4日				
6	12月5日 ⟵1日ずつずれて表示				
7	12月6日				
8	12月7日				
9	12月8日				
10	12月9日				
11	12月10日				
12					
13					
14					

ドラッグで選択したセルの分だけ、日付が自動入力されます。日付を1つだけ入れてオートフィル機能を使うと、その日を基準に1日ずつ後ろにずれた日付が下のセルに入力されます。

3 オートフィルは規則性のある文字にも対応

	A	B	C	D	E
1	日付	曜日	予定		
2	12月1日	金 ⟵ドラッグ			
3	12月2日				
4	12月3日				
5	12月4日				
6	12月5日				
7	12月6日				
8	12月7日				
9	12月8日				
10	12月9日				
11	12月10日				
12					
13					
14					

オートフィルは、曜日や干支など、規則性のある文字にも対応しているので試してみましょう。「金」と入力したセルの-📱 を下方向にドラッグします。

4 正しい順番で曜日が入力される

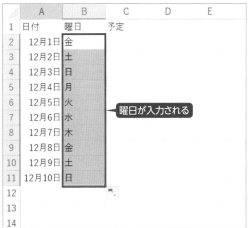

	A	B	C	D	E
1	日付	曜日	予定		
2	12月1日	金			
3	12月2日	土			
4	12月3日	日			
5	12月4日	月			
6	12月5日	火 ⟵曜日が入力される			
7	12月6日	水			
8	12月7日	木			
9	12月8日	金			
10	12月9日	土			
11	12月10日	日			
12					
13					
14					

オートフィルは「金」を曜日と判断し、下のセルに曜日を入力します。この場合は、下のセルに「土、日、月」…と正しい順番で曜日が入力されます。

規則性を判断してくれるので、ドラッグだけで一気に入力ができます!

Excelを使いこなす

091

数式の基本

単価と個数を入れて
小計を求める

「=」に続けて「10+20」などの数式を入力すると、セルに計算結果が表示されます。数式には「A1」などのセル番地が使えます（数式の中で使う値やセル番地を引数といいます）。コピーして数式を複製すると参照先のセルが自動で更新されるため、大量の計算でもすぐに処理することができます。

1 C列とD列の掛け算の 結果をE列に表示する

B	C	D	E	F	G
カテゴリ	単価	個数	小計		
アクセサリー	¥1,500		=C2*D2		
アクセサリー	¥6,500		入力		
アウター	¥9,800	1			
アクセサリー	¥800	7			
アクセサリー	¥500	12			
トップス	¥				
アクセサリー					
ボトムス	¥				
シューズ	¥				
アクセサリー	¥8,000	2			
アクセサリー	¥1,200	5			
アクセサリー	¥1,200	10			
ドレス	¥4,200	3			
アクセサリー	¥1,000	6			
ボトムス	¥2,000	10			

あまり馴染みがない言葉ですが、「引数」という言葉はExcelでは必須の表現なので、覚えておきましょう！

ここでは、C列とD列の掛け算の結果をE列に表示します。セル「E2」に「=C2*D2」と入力します。数式に入れたいセルをクリックすると、セルが引数として数式に入力されます。

2 計算結果の数式を ほかの行にも複製する

B	C	D	E	F	G
カテゴリ	単価	個数	小計 ドラッグ		
アクセサリー	¥1,500	3	¥4,500		
アクセサリー	¥6,500	1			
アウター	¥9,800	1			
アクセサリー	¥800	7			
アクセサリー	¥500	12			
トップス	¥2,800	8			
アクセサリー	¥900	8			
ボトムス	¥3,500	5			
シューズ	¥4,200	4			
アクセサリー	¥8,000	2			
アクセサリー	¥1,200	5			
アクセサリー	¥1,200	10			
ドレス	¥4,200	3			
アクセサリー	¥1,000	6			
ボトムス	¥2,000	10			

計算結果が表示されます。次に、この数式をほかの行にも複製しましょう。セル「E2」の右下にある （フィルハンドル）を下にドラッグします。

3 参照先が更新され 数式が複製される

B	C	D	E	F	G
カテゴリ	単価	個数	小計		
クセサリー	¥1,500	3	¥4,500		
クセサリー	¥6,500	1	¥6,500		
アウター	¥9,800	1	¥9,800		
クセサリー	¥800	7	¥5,600		
クセサリー	¥500	12	¥6,000	E6	
トップス	¥2,800	8	¥22,400		
クセサリー	C6 900	D6 8	¥7,200		
ボトムス	¥3,500	5	¥17,500		
シューズ	¥4,200	4	¥16,800		
クセサリー	¥8,000	2	¥16,000		
クセサリー	¥1,200	5	¥6,000		
クセサリー	¥1,200	10	¥12,000		
ドレス	¥4,200	3	¥12,600		
クセサリー	¥1,000	6	¥6,000		
ボトムス	¥2,000	10	¥20,000		

E列の各行で、それぞれの行のセルを参照した計算結果が表示されます。例えば、セル「E6」には「=C6*D6」というように、参照先が更新した数式が複製されています。

Tips

計算の記号を覚える

数式では掛け算以外にも、足し算、引き算、割り算が使えます。これら4つの計算は頻繁に使うので、計算の記号（演算子）を頭に入れておきましょう。特に、掛け算と割り算が×や÷ではない点に注意してください。

演算子	計算
+	足し算
-	引き算
*	掛け算
/	割り算

数式を入力するときは、必ず「=」から始めましょう。

092 | デザイン変更や集計が しやすいテーブルを使う

テーブル

テーブルとは、セルに入力したデータを1つのグループとして扱うための機能です。**自動で見出し行や罫線、背景色などを設定してくれる**ほか、新しいデータを入力すると、自動でテーブルの範囲を拡張してくれます。また、集計行を追加することで平均や合計などの計算も簡単にできます。

1 「挿入」タブの 「テーブル」をクリック

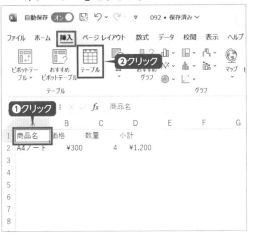

❶テーブルにしたいデータが入力されているセルのいずれかにカーソルを移動します。❷リボンの「挿入」タブをクリックし、「テーブル」をクリックします。

2 「先頭行をテーブル～」 にチェックを入れる

「テーブルの作成」ダイアログボックスが表示されます。❶「先頭行をテーブルの見出しとして使用する」にチェックを入れ、❷「OK」をクリックします。

3 テーブルの範囲が 自動で拡張される

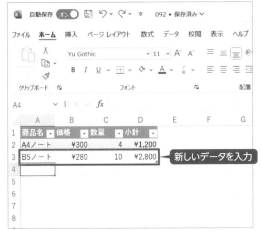

新しいデータを入力

テーブルが作成されました。ここでは、1行目がテーブルの見出しに設定されています。新しいデータを入力すると、テーブルの範囲が自動で拡張されます。

4 「テーブルデザイン」タブの 「集計行」にチェック

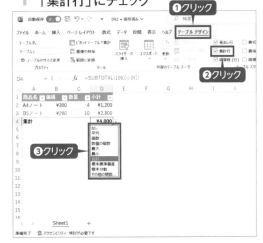

「テーブルデザイン」タブの「集計行」にチェックを入れると、テーブルに集計行が追加され、合計や平均などの計算が求められるようになります。

テーブルはデータの集計や分析に重要な機能です。ぜひ覚えておきましょう。

Excelを使いこなす

093 複数の条件で データを並べ替える

データ並べ替え

行の順番を並べ替えたいときは、「データ」タブの「並べ替え」をクリックします。ダイアログで、どの列を昇順・降順のどちらで並べ替えるかを設定することができます。①点数、②名前のように複数の条件で並べ替えたいときは、「レベルの追加」をクリックして、2つ目以降の条件を指定します。

1 「データ」タブ→ 「並べ替え」をクリック

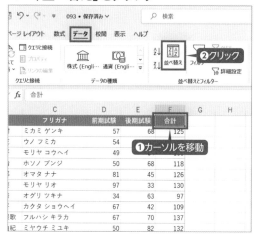

❶順番を並べ替えたい表のセルのいずれかにカーソルを移動します。次に、❷リボンの「データ」タブをクリックし、「並べ替えとフィルター」にある「並べ替え」をクリックします。

2 「並べ替え」のダイアログ ボックスが表示される

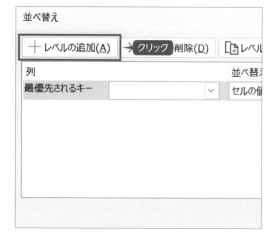

「並べ替え」ダイアログボックスが表示されるので、条件を指定します。複数の条件で並べ替えたいときは、「レベルの追加」をクリックします。

3 並べ替えの条件を設定して 「OK」をクリックする

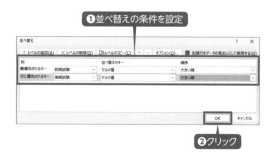

❶「最優先されるキー」と「次に優先されるキー」で並べ替えの条件を設定します。「列」、「並べ替えのキー」、「順序」の指定が必要です。入力が終わったら❷「OK」をクリックします。

4 表が指定した順番で 並べ替えが完了する

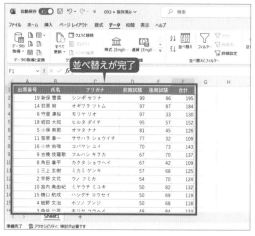

表が指定した順番で並べ替えられました(ここではまず「前期試験」の値が大きい順に並べ替えたあと、「後期試験」の値の大きい順に並べ替えています)。

並べ替えには複数の条件が指定できます!

（　基本　）

094
数字に「個」と単位を付ける

表示形式の変更

単位を付けようと思ってセルにそのまま「10個」などと入力すると、「**文字列**」として扱われてしまい、計算に使えなくなります。数値に単位を付けたい場合は、**ユーザー定義**の表示形式で設定しましょう。見た目には単位が付きますが、データは数値として扱われるため、計算にも利用できます。

1 単位を付けるセルを選んで「ホーム」タブをクリック

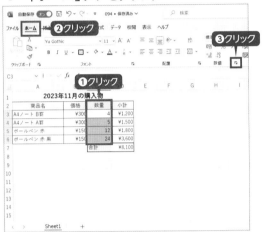

❶単位を付けたいセルを選択します。そのあと、❷リボンの「ホーム」タブをクリックし、❸数値グループの右下にある ⌐ をクリックします。

2 「#"個"」を入力して「OK」をクリックする

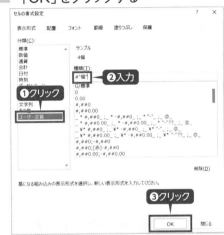

「セルの書式設定」ダイアログボックスが表示されます。❶「ユーザー定義」をクリックし、❷「種類」に「#"個"」と入力して、❸「OK」をクリックします。

3 単位の設定が完了する

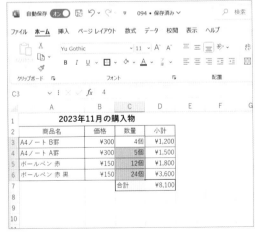

手順2で指定した表示形式で、数値に単位が設定されました。「個」がついていますが、数値扱いなので、計算式にも使用することができます。

Tips
文字列は計算できない

表示形式を使わずセルにそのまま「○個」と入力すると、計算ができずにエラーが表示されてしまいます。

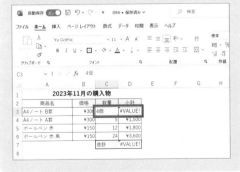

 「ユーザー定義」で、自由に表示形式を指定することができます。

Excelを使いこなす

095

カーソルの移動

セルを効率的に移動して
表を手早く入力する

Excelでデータを入力するとき、カーソルをより効率よく移動させるには、**横のセル**に移動するときは「**Tab**」キー、**下のセル**に移動するときは「**Enter**」キーを使いましょう。これならマウスに手をのばすことなく、ホームポジション（キーボードに指を置いた状態）のまま操作できます。

1 パソコンのキーボードの「Tab」キーを押す

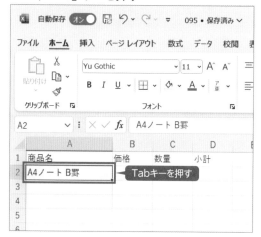

セルに入力し、横のセルにカーソルを移動したい状況だとします。このとき、マウスで隣のセルをクリックするのではなく、パソコンのキーボードのTabキーを押しましょう。

2 隣のセルにカーソルが移動する

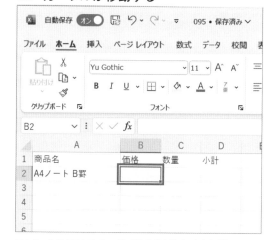

Tabキーを押すことで、キーボードから手を放すことなく、隣のセルにカーソルが移動しました。このまま入力を再開することができます。

3 パソコンのキーボードの「Enter」キーを押す

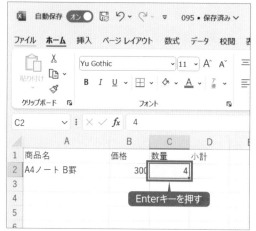

行の左端から右端まで入力が完了し、次の行の左端にカーソルを移動したい状況だとします。ここで、パソコンのキーボードのEnterキーを押します。

4 次の行の左端にカーソルが移動する

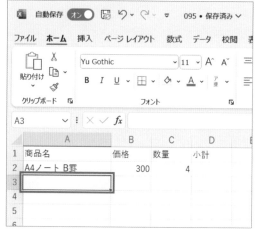

Enterキーを押すだけで、次の行の左端のセルまでカーソルが移動します。マウスに手を伸ばすことなく、スムーズに入力を再開できます。

慣れるまでは難しいかもしれませんが、サクサク入力できるようになると効率もぐっとよくなりますよ。

096

セル内改行

セル内で文章を改行する

セル内で改行したくてEnterキーを押すと、カーソルが次のセルに移動してしまいます。このようなときは、**Altキーを押しながらEnterキーを押してみましょう**。これでセル内で文章を改行できます。

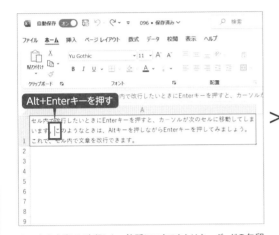

セル内の文章で、改行したい箇所にマウスまたはキーボードの矢印キーを使ってカーソルを移動します。そして、Alt+Enterキーを押します。

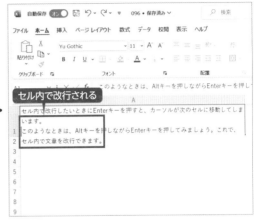

セル内で改行され、カーソル位置からテキストが改行されます。普通にEnterキーを押すとカーソルが次のセルに移動してしまうので注意しましょう。

097

ショートカットキー

ショートカットキーで行全体・列全体を選択する

行や列を追加・削除するとき、行・列全体を選択する操作が面倒です。行や列の見出しをマウスでクリックしても選択できますが、**Ctrl+Spaceキー、Shift+Spaceキー**を使えば選択できます。

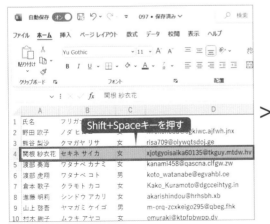

キーボードのShift+Spaceキーを押すと、カーソルがある位置の行全体を選択できます（ただし、文字入力モードが半角英数のときに限ります）。

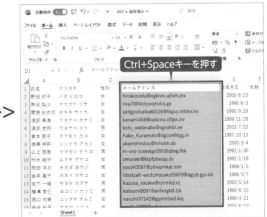

キーボードのCtrl+Spaceキーを押すと、カーソルがある位置の列全体を選択できます。手早く選択できるので便利です。

098 大きな表の見出し行・列が隠れないようにする

ウィンドウ枠の固定

大きな表を見るときに便利なのが、指定した行・列を常に表示する「**ウィンドウ枠の固定**」機能です。表をスクロールしても**見出し行や列が常に表示**できるので、データが何を示すのか見やすくなります。

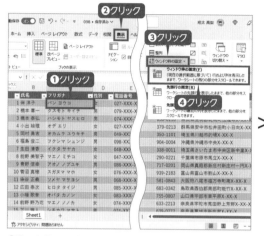

>>

❶常に表示したい行と列の交差点から一つ右下の位置にカーソルを移動します。❷リボンの「表示」タブの❸「ウィンドウ枠の固定」→❹「ウィンドウ枠の固定」をクリックします。

カーソルの左上の角を基準に、行と列が常に表示されるようになります。大きな表など、スクロールしても固定された部分が常に表示され、データが何を示すのかわかりやすくなります。

099 未入力のセルにまとめて入力する

まとめて入力

複数のセルに同じ内容を入力していくのは手間がかかります。**セルを選択してから文字を入力し、Ctrl+Enterキーで確定**すると、選択しているセルに一気に文字を入力することができます。

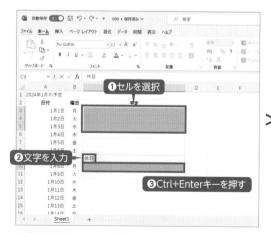

>>

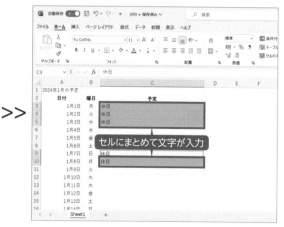

まずは、❶入力したいセルを複数選択します。そして、❷セルに文字を入力したら、❸入力後、Ctrl+Enterキーを押します。

選択したセルにまとめて文字が入力されます。この機能を使うことで、コピーや貼り付けをする必要がなくなります。

100

列幅の調整

文字の長さに合った
列幅にする

セルに入力した値が途中で途切れていたり、「####」と表示されてしまうのは、列の幅が短いことが原因です。**列番号の境目をダブルクリック**すると、列幅が調整され、文字全体が表示されます。

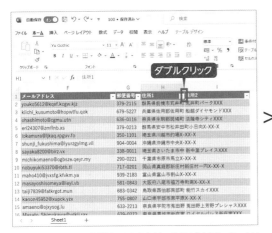

>>

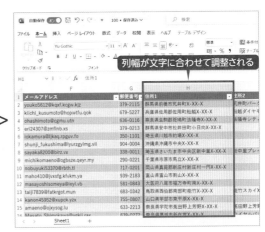

セルの幅が短いと、印刷をしたときなどに表示が途切れていたり「####」と表示されてしまいます。これを防ぐために、列幅を調整したい列番号の境目をダブルクリックしましょう。

列幅が、セルに入力されている文字に合わせて自動で調整されます。マウスをドラッグして大きさを調整するよりも、簡単に調整できます。

101

セルの移動

セルを別の好きな
場所に移動する

上下に配置していた2つの表を、左右に並べたい……こんなときは、移動したい表を選択し、**選択範囲の枠にマウスポインターをあわせてドラッグ**すると、好きなところに移動できます。

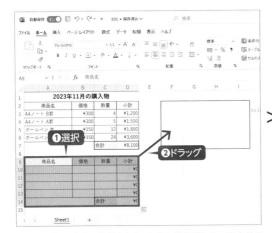

>>

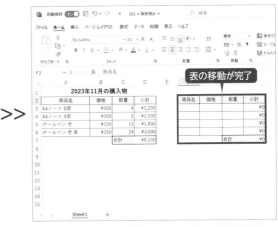

下にある表を、右上に移動します。まずは、❶移動したい表全体を選択します。次に、❷選択範囲の枠を、右上にドラッグします。

ドラッグした場所に表ごと移動しました。切り取りや貼り付けを行わなくても、すぐに表を移動できる機能です。

Excelを使いこなす

102
セル内の長い文字を 1行で表示する

文字列の縮小表示

短いセル幅に文字を収めたいときは、「セルの書式」ダイアログボックスで「**縮小して全体を表示する**」を設定します。この機能をオンにすると、セル幅に合わせて、**文字サイズが自動で縮小**されます。

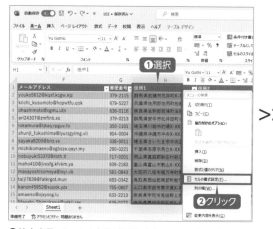

>>

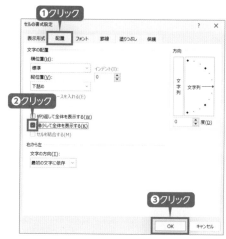

❶縮小表示したいセル全体を選択します。ここでマウスを右クリックし、メニューから❷「セルの書式設定」をクリック。「セルの書式設定」ダイアログボックスを表示します。

「セルの書式設定」ダイアログボックスで、❶「配置」タブをクリックします。❷「縮小して全体を表示する」にチェックを入れ、❸「OK」をクリックすると、文字サイズが調整されます。

(基本)

103
セル内で文章を 折り返して表示する

折り返し表示

セルに長い文章を入力すると、セルから文字がはみ出してしまいます。いちいち改行を入れるのが面倒なら、「折り返し表示」を設定しましょう。セルの幅で文章が自動で折り返して表示されます。

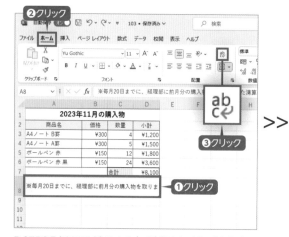

>>

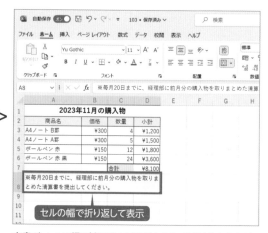

P.075のテク096のように、セル内で改行することもできますが、面倒なときは「折り返し表示」設定にしましょう。❶セルを選択し、リボンの❷「ホーム」→❸ 🔁 をクリックします。

文章が、セルの幅で折り返して表示されます。改行を入れなくても、文章全体が見えるようになります。

104

ふりがなの設定

カタカナのふりがなを
ひらがなで表示する

Excelで入力した漢字は、「ホーム」タブの ア をクリックすると、**ふりがなを表示**することができます。このふりがなは**初期設定ではカタカナ**で表示されますが、ひらがなに変更することも可能です。

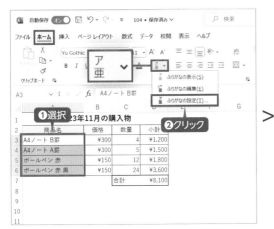

>>

❶ふりがなの設定を変更したいセルを選択します。❷「ホーム」タブの ア 右横にある小さな「▼」をクリックし、「ふりがなの設定」をクリックします。

「ふりがなの設定」ダイアログボックスが表示されます。「ふりがな」タブをクリックして❶「ひらがな」を選択したら、❷「OK」をクリックします。その後 ア をクリックしましょう。

105

ふりがなの設定

ふりがなのないデータに
ふりがなを振る

実はふりがなは、Excelで直接入力した文字列にしか振られません。他のアプリからコピーした文字列にふりがなを設定したいときは、**Altキー**と**Shiftキー**を押しながら、**↑キー**を押します。

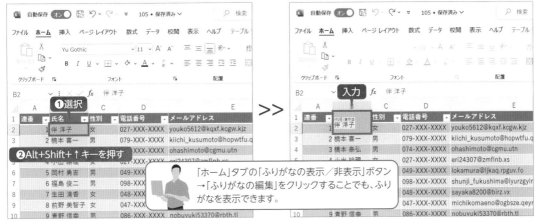

>>

「ホーム」タブの「ふりがなの表示／非表示」ボタン
→「ふりがなの編集」をクリックすることでも、ふりがなを表示できます。

まずは、❶ふりがなを振りたいセルにカーソルを移動します。次に、❷AltキーとShiftキーを押しながら、↑キーを押します。これでふりがなを表示できます。

自動で入力されたふりがなが間違っているときは、修正しましょう。間違っている部分にカーソルを合わせ、削除します。続いて、正しい読み方を入力します。

106

セルの結合

複数のセルを1つに
まとめる

文書のタイトルを記述したり、表で2列分の見出し行を作ったりするときに、**複数のセルを1つにまとめられると便利です。**Excelでは、「**セルの結合**」という機能で、選択したセルを1つのセルとして扱えるようになります。

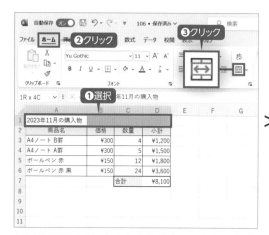

セルは自由に結合できます。まず、❶結合したいセルをすべて選択します。次に、リボンの❷「ホーム」をクリック。続けて、「配置」グループの❸ 🔲 をクリックします。

選択したセルが結合され、1つのセルになりました。さらに、文章が中央揃えになります。結合を解除したいときは、同じアイコンを再度クリックしましょう。

107

行・列の挿入

表の途中に新しい
行・列を挿入する

新しい行や列を追加する場合は、**行や列の全体を選択してから右クリックする方法が**いちばん簡単です。選択した行の上側、列の左側に新しい行・列が挿入されます。複数の行や列を選択してからこの操作を実行すると、選択したぶんと同じだけ、新しい行や列が追加されます。

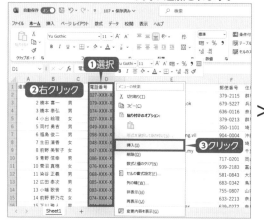
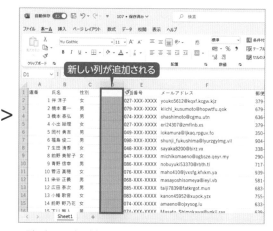

ここでは、D列の前に列を追加することとします。まずは❶D列全体を選択します。次に❷D列を右クリックして、メニューから❸「挿入」をクリックします。

D列に新しい列が追加されました。行を追加したいときも、同様に行全体を選択したあと、右クリックのメニューから「挿入」をクリックすると、上側に行が追加されます。

108

行・列の入れ替え

表の中の行・列を
ほかの行・列と入れ替える

行や列の順番を入れ替えたいときは、行もしくは列を選択し、**Shiftキーを押しながら行・列の枠をドラッグ**します。また、選択した行・列を複製したいときは、Ctrl+Shiftキーを押しながら行・列の枠をドラッグします。

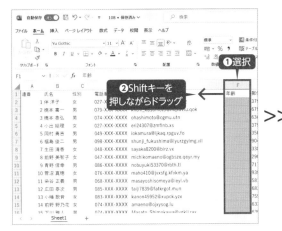

まずは、❶移動したい列全体を選択します。次に、❷「Shift」キーを押しながら、選択した枠を移動したい方向へドラッグしましょう。

これで、列の順番を入れ替えることができました。行を移動したいときも同様に、行全体を選択したあと、枠を移動したい方向へドラッグします。

109

行・列の入れ替え

表の行と列の
位置を入れ替える

表を作ったあとに、**行と列を入れ替えたくなった**……一見、イチから作り直しに思えるこんな場合でも、Excelなら簡単に対応できます。元の表をコピーし、貼り付けのオプションで「**行列を入れ替える**」を選択しましょう。

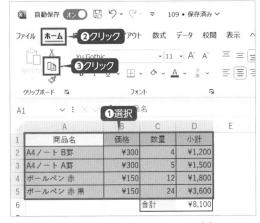

まずは、❶元の表全体を選択します。次に、リボンの❷「ホーム」をクリックし、「クリップボード」グループの❸ をクリックします。

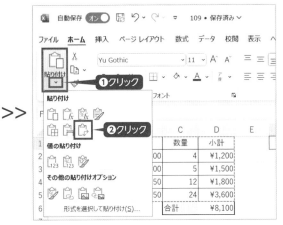

貼り付け先のセルを選択します。続いて、❶「クリップボード」グループの「貼り付け」の下にある小さな「▼」をクリック。表示されたメニューから❷ をクリックします。

110

オートフィルの応用

平日の日付だけを
連続入力する

平日の日付だけ欲しいとき、オートフィルで日付を入力してから、休日を1つずつ削除したりしていませんか?こんなときは、**オートフィルオプション**を活用しましょう。2クリックで**平日のみの日付**に変更できます。手作業で休日の行を削除する必要はありません。

1 日付を入力したセルの ⊹ をドラッグ

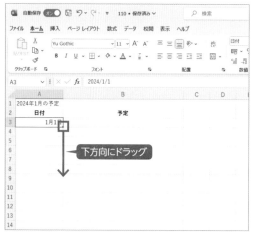

P.070のテク091と同様の操作をします。まず、日付を入力したセルにカーソルを合わせます。次に、セルの右下の⊹を下方向にドラッグします。

2 「連続データ(週日単位)」をクリックする

オートフィル機能で1日ずつずれた日付が表示されました。続いて、❶ をクリックします。さらに、❷「連続データ(週日単位)」をクリックします。

3 土日の日付が削除されたデータが作成される

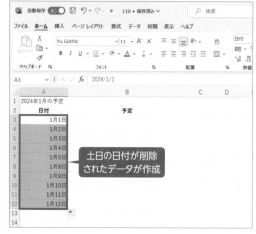

土日の日付だけが削除されたデータが作成されます。2クリックのみで簡単に設定できます。

Tips

オートフィルで書式が
コピーされないようにする

オートフィルを使うと自動で1つ目のセルの書式がコピーされますが、これもオートフィルオプションで解除できます。 をクリックし、「書式なしコピー(フィル)」をクリックしましょう。

❷のボタンは手順1の操作後、他のセルの編集をすると消えてしまうので注意しましょう!

Excel

111

検索

特定の文字を含む
セルを探す

数十行にわたるデータのなかから、**ある文字が入力されたセル**を探したい、といったと
きには**検索機能**が便利です。探したい語句を入力してボタンをクリックすると、一瞬で
目的のセルが見つかります。

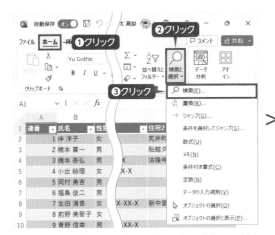 >>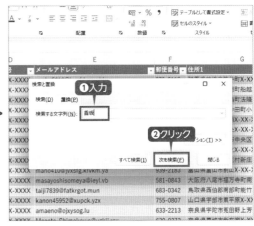

「検索」ダイアログボックスを表示します。リボンの❶「ホーム」をク
リックし、❷「検索と選択」をクリックします。メニューが表示されたら、
❸「検索」をクリックします。

「検索」ダイアログボックスが表示されました。「検索する文字列」に
❶検索したい語句を入力し、❷「次を検索」をクリックすると、該当す
るセルにカーソルが移動します。

112

ワイルドカード

あやふやな文字を
検索する

「田中」と「田辺」など、文字の一部が違う語句を探したいときは検索に**ワイルドカード**
を使います。「**?**」はどんな1字にでもマッチし、「*****」は0字以上のすべての文字にマッ
チします。

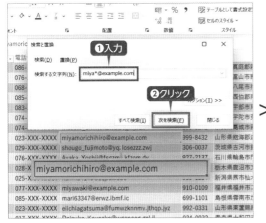 >>

ここでは「miya」で始まり「@example.com」で終わるメールアドレ
スを探します。❶検索画面で「miya*@example.com」と入力し、❷
「次を検索」をクリックします。1つ目の結果（miyamorichihiro@
example.com）が見つかります。

もう一度「次を検索」をクリックします。すると、次の結果
（miyawaki@example.com）が見つかります。このように、あやふや
な単語を検索するのに便利な機能です。

113 ある単語をまとめて入れ替える

置換

「独身」を「未婚」に変えるなど、**ある表現をまとめて変更する**ときに便利な機能が「置換」。「**すべて置換**」をクリックすると、シート内の文字を一発で変換できます。あらかじめセルを選択しておけば、その箇所だけ置換を実行できます。

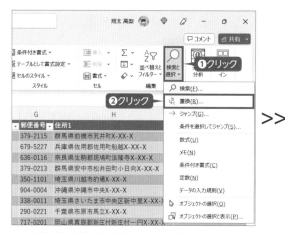

>>

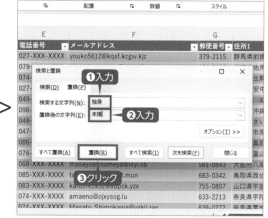

ここでは「独身」を「未婚」に変更しましょう。リボンの「ホーム」タブをクリックし、❶「検索と選択」をクリックしてメニューを表示します。次に、❷「置換」をクリックします。

❶「検索する文字列」に「独身」、❷「置換後の文字列」に「未婚」と入力し、❸「すべて置換」をクリックします。シート内の「独身」がすべて「未婚」に変換されます。

114 重複するデータをまとめて削除する

重複の削除

数百行にわたるデータのなかから、重複する行を目で見て探し、削除するのはとても手間がかかります。Excelなら**ボタンを3回クリックする**だけで、表の中から**重複する行を一気に削除**できます。

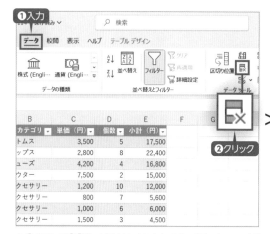

>>

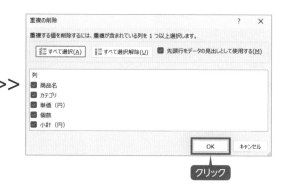

まず、リボンの❶「データ」をクリックします。次に、「データツール」グループの❷ をクリックします。

「OK」をクリックすると、重複する行が検索され、まとめて削除もできます。

115

表示形式の設定

数字を3桁（001）で
統一する

Excelで「001」と入力しても、勝手に「1」と表示が変換されてしまいます。3桁に統一して表示するには、**表示形式を変更する**方法がおすすめです。見た目が変わるだけでデータ自体は変わらないので、そのまま数式にも使えます。

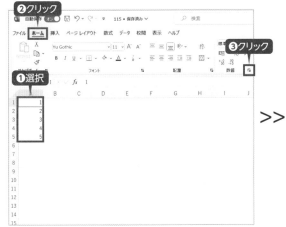

>>

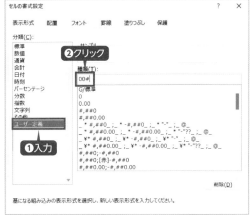

表示形式を変更します。❶変更したいセルを選択し、リボンの❷「ホーム」をクリックします。次に、❸「数値」グループにある 🔽 をクリックします。

「セルの書式設定」ダイアログボックスが表示されました。❶「ユーザー定義」をクリックし、❷「00#」と入力して、「OK」をクリックすると、表示形式を変更できます。

116

表示形式の変更

「1/2」のように
分数を入力する

Excelで「1/2」や「2/3」といった分数を入力しようとすると、なぜか日付に変換されてしまいます。分数を入力するには、先に**表示形式を分数に変更してから**入力する方法が確実です。

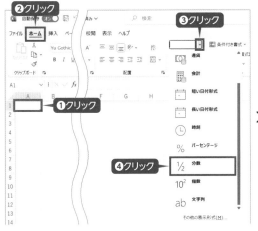

>>

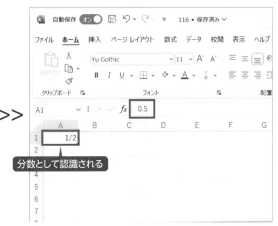

❶表示形式を変更したいセルを選択します。リボンの❷「ホーム」をクリックし、❸「数値の書式」のプルダウンメニューで❹「分数」をクリックします。

「1/2」と入力してEnterキーを押しても、分数として認識されるようになりました。数式バーを見ると、数値の「0.5」として扱われていることがわかります。

117 小数点の表示桁数を統一する

表示形式の変更

小数点以下の桁数を統一したいときは、「ホーム」タブの「数値」グループにある `.00→.0` と `.0→.00` をクリックして調節します。`.00→.0` をクリックすると表示桁数が増え、`.0→.00` をクリックすると表示桁数が減ります。

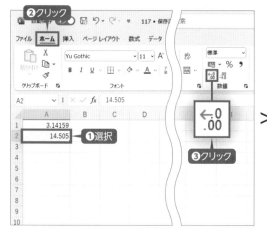

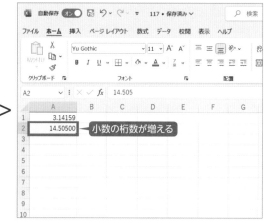

まずは、❶小数の桁数を増やしたいセルを選択します。次に❷「ホーム」タブをクリックし、❸「数値」グループにある `.00→.0` をクリックします。

小数の表示桁数が増えました。押すごとに表示桁数を増やすことができます。

118 「1000」を「1,000」のように数字の3桁目にカンマを入れる

表示形式の変更

扱う数字が大きくなると、ひと目では100万なのか10万なのか区別が付きにくくなります。「1,000」のように3桁ごとに「,」を入れておくと、数値が読みやすくなります。1クリックでできるのでぜひ設定しましょう。

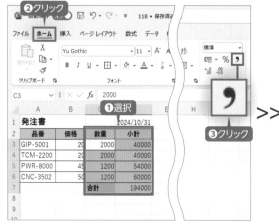

数値にカンマを入れることで読みやすくします。まず、❶表示形式を変更したいセルを選択します。リボンの❷「ホーム」タブをクリックし、❸ `,` をクリックします。

	A	B	C	D	E
1	発注書		3桁ごとにカンマ(,)が表示		
2	品番	価格	数量	小計	
3	GIP-5001	20	2,000	40,000	
4	TCM-2200	20	2,000	40,000	
5	PWR-8000	45	1,200	54,000	
6	CNC-3502	50	1,200	60,000	
7			合計	194,000	

選択したセルの数値に、3桁ごとにカンマ(,)が表示され、読みやすくなりました。

119

今現在の日付を
すぐに入力する

日付の入力

請求書の発行日、データの集計日など、今日の**日付**を入力する機会は意外と多いもの。**Ctrl+;（セミコロン）**キーを押せば、現在の日付を一発で入力することができます。

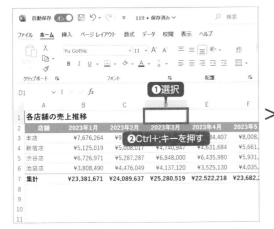

>>

ショートカットを使って、現在の日付をすぐに入力します。❶日付を入力したいセルにカーソルを移動します。次に、❷Ctrl＋;キーを押します。

今日の日付が入力されました。

120

今現在の時刻を
すぐに入力する

時刻の入力

日付の入力とあわせて覚えておきたいのが、**現在時刻**を入力するショートカットキーの**Ctrl+:（コロン）**。「:」は「12:00」など時刻に使われる記号と覚えておくとよいでしょう。

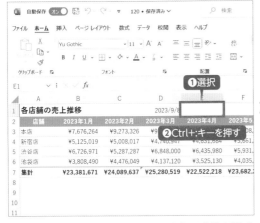

>>

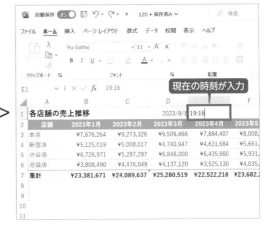

ショートカットを使って、現在の時刻をすぐに入力します❶時刻を入力したいセルにカーソルを移動します。次に、❷Ctrl＋:キーを押します。

現在の時刻が入力されました。

121

和暦の入力

西暦で入力した日付を和暦で表示する

日付の入力には**西暦が便利**ですが、表示自体は「**昭和**」や「**平成**」などの和暦にしたいこともあるでしょう。このような場合、いちいち日付を入力しなおさなくても、表示形式を変更するだけで和暦に変更できます。**表示形式を変えてもデータは変わらない**ので、そのまま並び替えや計算に使えます。

1 日付が入力されているセルを選択する

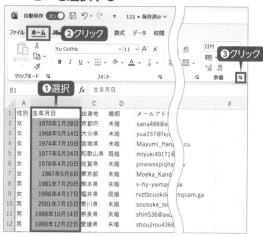

❶日付が入力されているセルを選択します。次に、リボンの❷「ホーム」タブをクリックします。そして、❸数値グループの 🔽 をクリックします。

2 カレンダーの種類で「和暦」を選択する

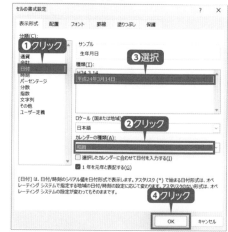

「セルの書式設定」ダイアログボックスが表示されたら❶「日付」をクリックし、❷カレンダーの種類で「和暦」を選択。種類で❸「平成24年3月14日」を選択して、❹「OK」をクリックします。

3 日付表示の西暦が和暦に変更される

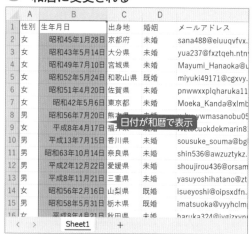

西暦で表示されていた日付が和暦で表示されました。ここから、「セルの書式設定」ダイアログボックスで表示形式をカスタマイズすることもできます。「サンプル」で表示を確認しながら、適切な形式に変更しましょう。

Tips

日付けに曜日を表示する

日付に曜日を表示したいときは、セルの書式設定ダイアログボックスで「ユーザー定義」をクリックし、日付を示す形式をクリックしたら、「種類」の末尾に「(aaa)」と入力します。「サンプル」で曜日が表示されていることが確認できます。「OK」をクリックすると、日付に曜日が追加されます。

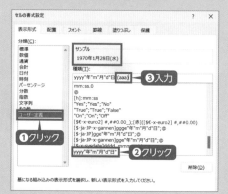

セルの書式設定ダイアログボックスはCtrl＋1キーでも開けます!

122

SUM関数

小計を足し算して
合計を求める

超重要

100個あるセルの数値を合計するために「＝A1＋A2＋ …」と入力するのは骨が折れます。手早く求めるには、**SUM関数**を使うとよいでしょう。「数式」タブの「**オートSUM**」をクリックすると、SUM関数が入力されます。

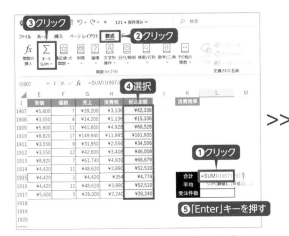

>>

●合計を表示したいセルをクリックし、リボンの❷「数式」タブをクリックします。続いて、❸「オートSUM」をクリックし、❹合計したいセル範囲を選択します。最後に、❺「Enter」キーを押しましょう。

「税込金額」列の合計が求められました。このように、「オートSUM」をクリックすると、一から数式を入力しなくてもすぐに合計を出すことができます。

123

AVERAGE関数

クラスのテストの結果から
平均点を求める

超重要

平均の計算式は「合計÷個数（人数）」ですが、これも関数を使うことでより手軽に求められます。**平均の計算には「AVERAGE」という関数**を使います。引数には計算対象のセルを選択します。

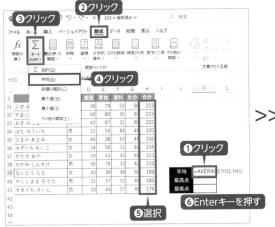

>>

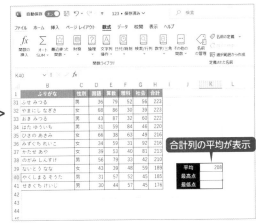

●平均値を表示したいセルをクリックし、❷「数式」タブ→❸「オートSUM」→❹「平均」をクリックし、❺平均を求めたいセル範囲を選択して引数を設定したら、❻「Enter」キーを押します。

「合計」列の平均が求められました。このように、「AVERAGE」関数を使うと、選択したセルの平均をすばやく求めることができます。

124 数値の個数を求める

COUNT関数

COUNT関数は数値が入力されているセルの個数を数えます。文字列が入力されているセルも含めて数えたいときはCOUNTA関数を使います（108ページのテク160参照）。

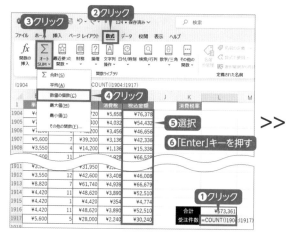

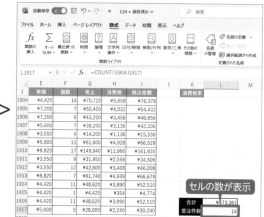

❶数値を表示したいセルをクリックしたら、❷「数式」タブ→❸「オートSUM」→❹「数値の個数」をクリックし、❺個数を数えたいセル範囲を選択して引数を設定したら、❻Enterキーを押します。

「税込金額」列の数値が入力されているセルの数が求められました。このように、数値が入力されているセルの数を数えるときは、COUNT関数を使いましょう。

125 クラスのテストの結果から最高点をピックアップする

MAX関数

指定したセル範囲からいちばん大きな数値を取り出すときは、MAX関数を使います。売上成績がいちばんの数値や、テストの最高点を求めるときに便利です。金額のなかに時刻など、異なる単位の数値が引数に混じらないように気を付けましょう。

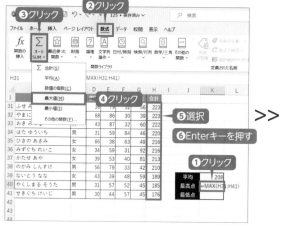

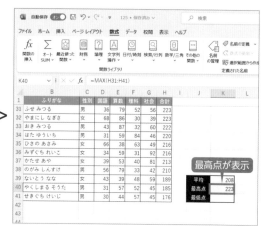

❶最高点を表示したいセルをクリックしたら、❷「数式」タブ→❸「オートSUM」→❹「最大値」をクリックし、❺最大値を求めたいセル範囲を選択して引数を設定したら、❻Enterキーを押します。

「合計」列から最高点が取り出されました。このように、指定したセル範囲からいちばん大きい数値を取り出すときは、「MAX」関数を使いましょう。

126

MIN関数

クラスのテストの結果から
最低点をピックアップする

最大値を求める関数があるなら、当然最小値を求める関数もあります。指定したセル範囲から最小値を取り出すには、**MIN関数**を使います。この関数も「オートSUM」ボタンのメニューから入力できます。

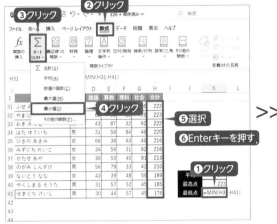

❶最低点を表示したいセルをクリックしたら、❷「数式」タブ→❸「オートSUM」→❹「最小値」をクリックし、❺最小値を求めたいセル範囲を選択して引数を設定したら、❻Enterキーを押します。

合計列から最低点が取り出されました。このように、指定したセル範囲からいちばん小さい数値を取り出すときは、MIN関数を使いましょう。

127

LEN関数

セルに入力されている
文字の数を数える

LEN関数は、指定した**セルの文字数を数えてくれる関数**です。文字数がきっちり指定されている文章を書くときは、この関数を隣のセルに入力しておけば、、現在どれくらいの文字数を書いたのかがすぐに確認できます。

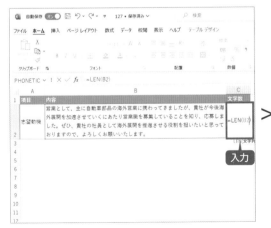
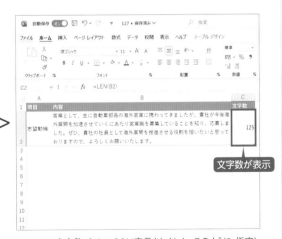

ここではセルB2の文字数を数えます。結果を入力したいセルにカーソルを移動し、LEN関数の数式「=LEN(B2)」を入力します。次に、Enterキーを押します。

セルB2の文字数が、セルC2に表示されました。このように、指定したセルの文字数を数えたいときは、LEN関数を使いましょう。

128

列の内容を分割する

区切り位置

「姓 名」のような文字列を、「姓」と「名」のように**2つのセルに分割したい**——1つ2つならまだしも、大量のデータを処理するとなると大変です。こんなときに使いたいのが**「区切り位置」**機能です。カンマやセミコロン、スペースといった区切り文字を基準に、文字列を複数の列に分割できます。

1 空行をつくる

まず、❶分割する列の右側に空の列を作ります。❷分割したい列を選択したら、リボンの❸「データ」タブをクリックし、続けて❹「データツール」グループの「区切り位置」をクリックします。

2 ファイル形式を指定する

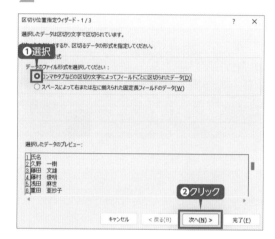

「区切り位置指定ウィザード」のダイアログボックスが表示されます。❶「カンマやタブなどの……」をクリックして選択し、❷「次へ」をクリックします。

3 「スペース」にチェックを入れる

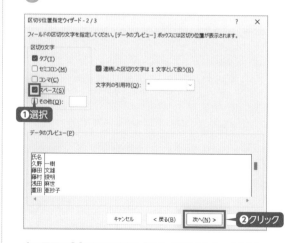

次の画面の❶「区切り文字」で、「スペース」にのみチェックを入れ、❷「次へ」をクリックします。次の画面で「完了」をクリックします。

4 列が分割される

連番	氏名	列1	性別	電話番号
1	久野	一樹	男	090-XXXX-YY
2	藤田	文雄	男	090-XXXX-YY
3	藤村	俊明	男	090-XXXX-YY
4	浅田	麻世	女	090-XXXX-YY
5	重田	亜抄子	女	090-XXXX-YY
6	菊田	政吉	男	090-XXXX-YY
7	難波	洋次	男	090-XXXX-YY
8	堀川	環	女	090-XXXX-YY
9	中原	義之	男	090-XXXX-YY
10	岩下	照	女	090-XXXX-YY
11	岸本	義雄	男	090-XXXX-YY
12	高井	緑	女	090-XXXX-YY
13	高井		女	090-XXXX-YY

設定が完了すると、このように姓と名が2列に分割されて表示されます。一つひとつ手作業で分割するよりも簡単に列の内容を分割することができます。

スペースのほかにも、カンマやコロンを区切文字として設定することもできます。

129 | 2つのセルの内容をつなげる

&演算子

テク128とは逆に、姓と名を結合して、1つの文字列にしたいときに便利なのが、数式で使う「&」演算子です。「=A1&B1」のように使うと、セルA1とB1の値を結合した値を取得できます。

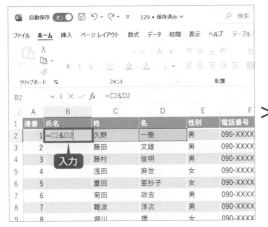

結果を表示したいセルを選び、数式「=C2&D2」を入力し、Enterキーを押します。

カーソルを移動したセルに、姓と名を結合した文字列が表示されました。あとは、この数式を下の行にコピーすれば、それぞれの行で結合した内容が表示されます。

130 | 合計や平均をさっと求める

ステータスバー

「ここの平均、いくら?」なんて急に聞かれたときは、**対象のセルを選択**してみましょう。画面下部の**ステータスバー**に平均とデータの個数、合計が表示されるので、一瞬で確認することができます。

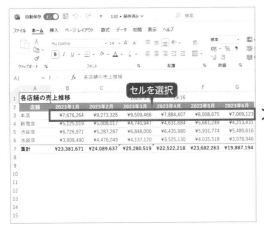
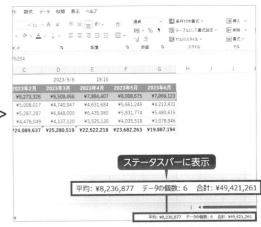

P.089のテク122やテク123の合計や平均を求める関数を使わずに、すぐ確認する方法があります。平均を求めたいセルを選択しましょう。

ステータスバーに、平均とデータの個数、合計が表示されました。印刷などで表示する必要がなければ、この方法で平均や合計を確認してもいいでしょう。

131

絶対参照

数式をコピーしたときに
参照先がずれないようにする

数式をコピーすると、参照先がずれて計算がおかしくなることがあります。これを防ぎたいときは、セル番地に$を入れて、「**$A$1**」のように記述します。この記述方法を**絶対参照**といい、セルをコピーしても参照先がずれなくなります。

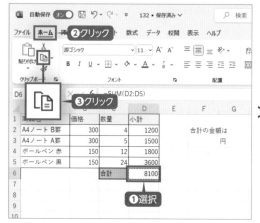

	E	F	G	H	I	J	K	L
	単価	個数	売上	消費税		消費税率		
2	¥7,200	4	¥28,800	¥2,880		10%		
3	¥3,550	13	¥46,150					
4	¥3,550	19	¥67,450					
5	¥7,200	16	¥115,200					
6	¥3,550	19	¥67,450					
7	¥3,550	8	¥28,400					
8	¥8,820	8	¥70,560					
9	¥5,600	14	¥78,400					
10	¥3,550	16	¥56,800					
11	¥8,820	12	¥105,840					
12	¥4,420	6	¥26,520					
13	¥5,600	13	¥72,800					
14	¥7,200	15	¥108,000					
15	¥8,820	5	¥44,100					

H2 =G2*J2 ❶選択 ❷入力

PHONETIC =G2*J2 ❶ダブルクリック ❷修正

例えば、このようにセルH2に消費税を計算する式を入力します。これをこのまま下にドラッグしても、消費税率のセル参照がずれるため、正しく計算されません。

消費税率のセルだけを固定して参照できるようにするには、❶セルH2をダブルクリックして、❷「J2」を「J2」に修正します。これで、セルH2を下の行にコピーしても正しく計算されます。

132

値のコピー

数式の計算結果を
コピーする

足し算や関数などの数式の結果をほかのセルにコピーすると、数式そのものを複製してしまいます。これでは**数式の参照先がズレる**だけで、期待する結果が表示されません。計算の結果の数値だけが必要なときは、「**値の貼り付け**」機能を使います。

まず、❶値だけをコピーしたいセルを選択します。次に、❷「ホーム」タブをクリック。「クリップボード」グループの❸ 🗐 をクリックします。

次に、❶貼り付け先のセルを選択します。同じく「クリップボード」グループで❷「貼り付け」の「▼」→❸ 🗐 をクリックすると、数式ではなく値のみを貼り付けできます。

133

条件を満たす行だけ表示する

フィルタ

「表の中から性別が"男"のデータを確認したい」というときに便利なのが**フィルタ機能**です。見出し行に表示される「▼」をクリックして条件を指定すると、条件を満たす行だけが表示されます。この機能では、数値や日付、文字列など、**さまざまな条件**で絞り込みを行えます。

1 「フィルター」を選択する

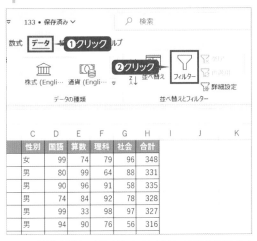

ここでは性別が「男」で合計点数が300点以上の行だけを表示します。リボンの❶「データ」タブをクリックし、続けて❷「フィルター」をクリックします。

2 フィルターの内容を設定する

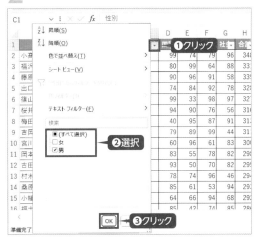

❶「性別」の「▼」をクリックし、メニューを表示します。❷チェックボックスで表示したい項目(ここでは「男」)にチェックを付け、❸「OK」をクリックします。

3 もうひとつのフィルターを設定する

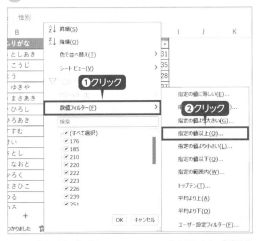

続いて、「合計」の「▼」をクリックし、メニューを表示します。❶「数値フィルター」をクリックし、❷「指定の値以上」をクリックします

4 指定した条件でフィルターをかける

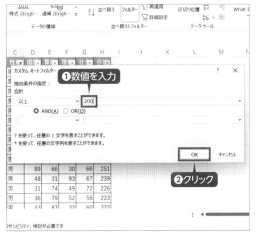

❶任意の数値(ここでは200)を入力し、❷「OK」をクリックします。すると、性別が「男」で合計点数が200点以上の行だけを表示します。

フィルターで複数の条件を指定して、合致する行だけを抽出できます。

Excelを使いこなす

134

条件に当てはまる セルだけを目立たせる

条件付き書式

条件付き書式は、指定した条件を満たすセルの書式だけを変える機能です。テストの点数が80点以上の生徒だけ強調する、あるいは30点未満の生徒を強調したい。こんなときは条件付き書式を使いましょう。**一度設定するだけ**ですべてのセルに書式が反映されるので、一つひとつ強調を設定するより圧倒的に楽です。

1 書式を設定したいセルを まとめて選択する

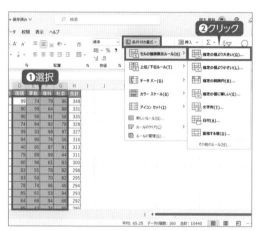

❶書式を設定したいセルをまとめて選択し、❷「ホーム」タブの「条件付き書式」→「セルの強調表示ルール」→「指定の値より大きい」をクリックします。

2 強調の基準となる 数値を入力する

「指定の値より大きい」ダイアログボックスが表示されます。❶強調の基準となる数値を入力します。❷強調の書式を選択したら、❸「OK」をクリックします。

3 条件付き書式の追加や 解除したいときは…

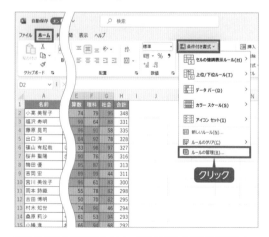

条件付き書式が設定されました。条件付き書式を追加・解除したいときは、「ホーム」タブの「条件付き書式」→「ルールの管理」をクリックします。

4 ダイアログボックスが 表示される

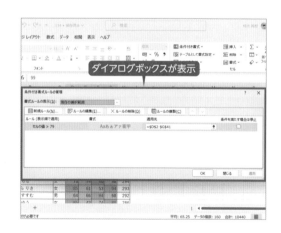

「条件付き書式ルールの管理」ダイアログボックスが表示されます。ここで、ルールの追加や編集、削除などの詳細設定が行えます。

> ある数値以上・以下のセルを強調 したいときなどに便利です。

135

製品名をプルダウンメニューで選べるようにする

リスト機能

製品名や支店名のように、決まったデータを確実に入力するときに便利なのが、**入力規則のリスト機能**です。**プルダウンメニュー**からデータを入力できるようになるほか、誤ったデータを入力すると警告が表示されるので、確実に正しいデータを入力することができます。

1 プルダウンメニューを設定したいセルを選択する

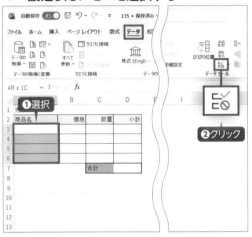

❶プルダウンメニューを設定したいセルを選択し、リボンの❷「データ」タブをクリック。「データツール」グループの「データの入力規則」をクリックします。

2 「設定」タブの「入力値の種類」に「リスト」を選択する

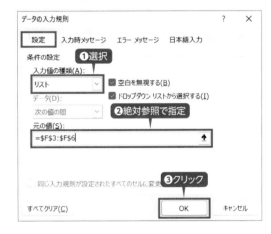

「設定」タブで、❶「入力値の種類」に「リスト」を選択し、❷「元の値」にプルダウンメニューに表示したいデータが入力されているセル範囲を絶対参照で指定したら、❸「OK」をクリックします。

3 セルの右側にある「▼」をクリックする

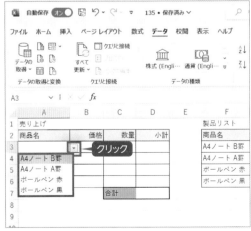

セルにプルダウンメニューが追加されました。セルの右側にある「▼」をクリックすると、プルダウンメニューで製品名が入力できます。

4 リストに存在しない値を入力すると…

さらに、リストに存在しない値を入力すると、このように警告のポップアップが表示されます。これで入力誤りを防ぐことができます。

入力規則のリスト機能で確実に入力しましょう。

136

グラフ作成

表のデータから グラフを作成する

グラフを作りたいけれど、折れ線グラフ、棒グラフ、どれが適しているかわからない。こんなときは「おすすめグラフ」機能を使いましょう。データの内容を分析して**適切なグラフを提案**してくれます。グラフのデザインや内容は後から変更することもできるので、慣れないうちはとりあえずこの機能でグラフを作ってみましょう。

1 グラフを作成するデータの セルを選択する

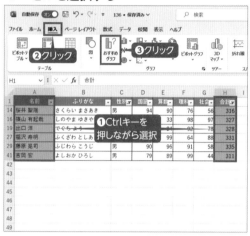

❶グラフとして作成したいデータが入力されているセルを選択します。
❷「挿入」タブをクリックし、❸「おすすめグラフ」をクリックします。

2 グラフを選択して 「OK」をクリックする

「グラフの挿入」ダイアログボックスが表示されます。いくつかおすすめのグラフが提案されます。❶いずれかを選択して、❷「OK」をクリックします。

3 作成したグラフが 完成して表示される

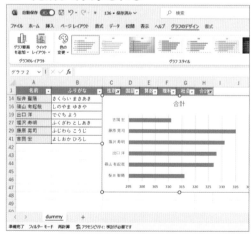

グラフが作成され、シート上に表示されました。この表は自由に大きさをかえたり、移動することができます。

Tips

その他のグラフを選択するには?

「グラフの挿入」ダイアログボックスで「すべてのグラフ」をクリックすると、Excelで利用できるすべてのグラフが表示されます。おすすめのなかに使いたいグラフがない場合は、ここから選びましょう。

「一番いいグラフ」はExcelに聞いてしまえばいいのです。グラフは怖くありません!

137 横棒グラフの並び順を入れ替える

グラフ設定

Excelの横棒グラフは、**縦軸の並び順が表の並び順と逆**になってしまいます。これでは見映えがよくありません。これは、**縦軸の設定で軸を反転させる**ことによって入れ替えられます。このとき横軸の目盛りが上側に移動するので、下に表示するよう設定する必要があります。

1 グラフの縦軸をダブルクリックする

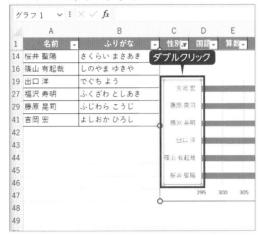

縦軸の並び順が表の並び順と逆になっているのを修正します。まずはグラフの縦軸をダブルクリックして、軸の書式設定を表示します。

2 「軸を反転する」にチェックを入れる

軸の書式設定が右側に表示されました。❶「軸のオプション」をクリックして展開し、「軸位置」で❷「軸を反転する」にチェックを入れます。

3 ラベルの位置を設定する

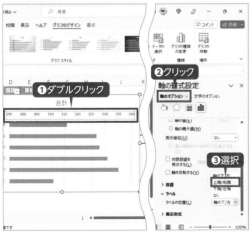

❶次にグラフの横軸をダブルクリックし、同様に軸の書式設定を表示します。❷「軸のオプション」の「ラベルの位置」で❸「上端／右端」を選択します。

4 縦軸の並び順が表の並び順と同じになる

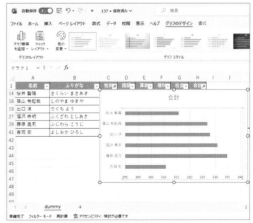

縦軸の並び順が、表の並び順と同じになりました。

データとグラフで並び順が逆になったら、軸の書式設定で修正しましょう。

138

グラフ設定

作成したグラフの種類を
あとから変える

一度作った横棒グラフを、やっぱり縦棒グラフにしたい。こんなときは、「グラフのデザイン」タブで「**グラフの種類の変更**」をクリックします。ダイアログボックスが表示されるので、変更したいグラフの種類を選びましょう。

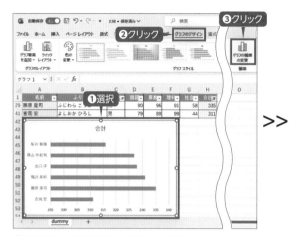

>>

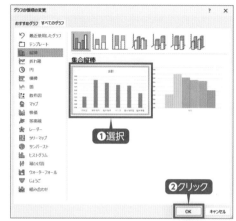

❶作成済みのグラフを選択し、❷「グラフのデザイン」タブをクリックします。「種類」グループの、❸「グラフの種類の変更」をクリックします。

「グラフの種類の変更」ダイアログボックスが表示されます。❶変更したい種類のグラフを選択し、❷「OK」をクリックすると、そのグラフに変更できます。

139

印刷設定

大きな表を1ページに
収まるように印刷する

大きな表を1ページに収めて印刷するには、印刷画面の拡大・縮小オプションで「シートを1ページに印刷」を選択します。これで面倒な設定不要で、**用紙1枚に収まる**ように表を縮小して印刷してくれます。

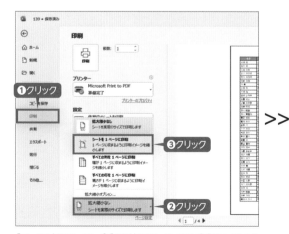

>>

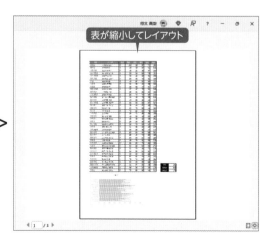

「ファイル」をクリックし、❶「印刷」をクリックします。❷「拡大・縮小なし」をクリックして、❸「シートを1ページに印刷」を選択します。

1ページに収まるように表が縮小してレイアウトされます。右側に表示されるプレビューを確認しましょう。

140

印刷範囲設定

表の一部分だけを
印刷する

請求書や見積書のような取引先に送る文書では、注意書きや補足のデータなど、本来文書に必要のない要素の印刷は避けたいところです。**必要なところだけ確実に印刷されるよう設定するには「印刷範囲の設定」**が便利です。この機能を利用すると、指定した範囲しか印刷されなくなります。

1 「印刷範囲の設定」を
クリックする

❶印刷したい範囲を選択し、❷「ページレイアウト」タブをクリックします。次に、「印刷範囲」グループにある「印刷範囲の設定」をクリックします。

2 「改ページプレビュー」を
クリックする

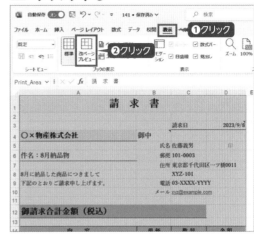

❶「表示」タブをクリックして、❷「ブックの表示」にある「改ページプレビュー」をクリックすると、どの部分が印刷されるかを確認できます。

3 「ファイル」→「印刷」を
順番にクリックする

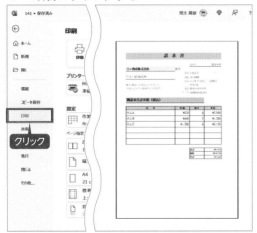

「ファイル」タブをクリックして左側のメニューから「印刷」をクリックすると、印刷範囲に設定したところだけが印刷されることが確認できます。

4 一度だけ指定の範囲を
印刷したい時は…

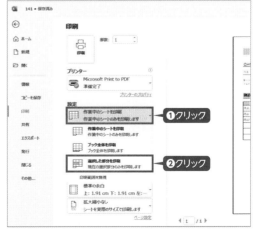

一度だけ指定の範囲を印刷したいときは、印刷対象のセルを選択した上で印刷画面を表示し、❶「作業中のシートを印刷」をクリックし、❷「選択した部分を印刷」を選択するとよいでしょう。

常に必要なところだけ印刷できるようにしましょう。

141

タイトル行

表の見出し行を印刷する
全ページに付ける

数ページにわたる縦に長い表を作るとき、2ページ目からは見出し行が表示されないので読み取りづらくなります。印刷タイトルを設定すれば、**自動で各ページの最上部にタイトル行が追加された状態で印刷できます。**

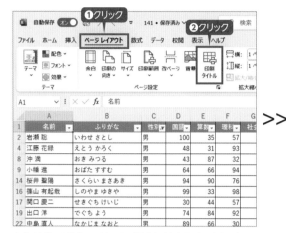

>>

まず、リボンの❶「ページレイアウト」タブをクリックします。次に、「ページ設定」グループの❷「印刷タイトル」をクリックしましょう。

「ページ設定」ダイアログボックスが表示されます。❶「タイトル行」に見出しに設定したい行番号を入力し、❷「OK」をクリックすると、自動で各ページの最上部にタイトルが表示されます。

142

白黒印刷

白黒でも見やすく
印刷する

色の違いが重要になる円グラフや積み上げ棒グラフは白黒で印刷すると非常に見づらくなります。Excelで**白黒に適した設定に変更しておけば、グラフに模様が設定される**ので、白黒でも資料が読みやすくなります。

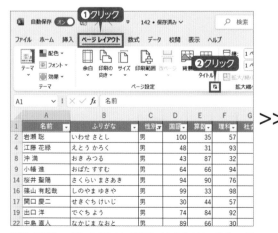

>>

リボンの❶「ページレイアウト」タブをクリックします。次に、❷「ページ設定」グループの⤓をクリックします。

「ページ設定」ダイアログボックスが表示されます。❶「シート」タブの❷「白黒印刷」をクリックしてチェックを付けたら、❸「OK」をクリックすると、白黒でも読みやすくなります。

143

ヘッダー／フッター

印刷用紙に書類の
名前やページ数を入れる

資料に書類の名前やページ数を入れたいときは、**ヘッダー**と**フッター**を使います。ヘッダーとフッターに入れたページ数やファイル名などの**情報は自動で更新される**ので、資料に変更が発生したり、ページ数に増減が発生した場合でも修正が不要です。

1 「ページレイアウト」を選択する

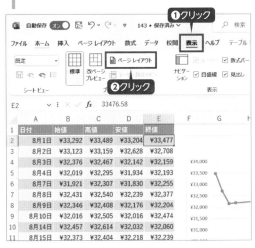

ヘッダーに書類の名前を登録し、どのページでも書類の名前がわかるようにします。リボンの❶「表示」タブ→❷「ページレイアウト」をクリックします。

2 ヘッダーにファイル名を追加する

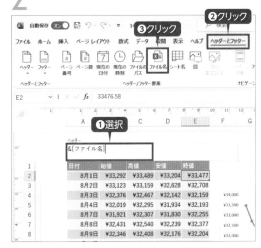

用紙上部の3つの欄がヘッダーです。❶1つの欄を選択し、❷「ヘッダーとフッター」タブ→❸「ファイル名」をクリックすると、ヘッダーにファイル名を追加できます。

3 フッターにページ番号を追加する

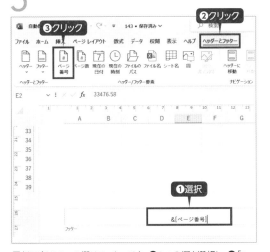

用紙下部の3つの欄がフッターです。❶1つの欄を選択し、❷「ヘッダーとフッター」タブ→❸「ページ番号」をクリックすると、フッターに現在のページ数を追加できます。

4 それぞれの表示を確認する

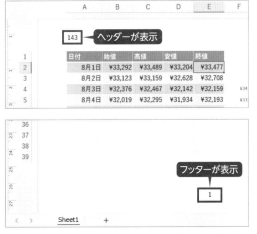

ヘッダーは上の画像のように、フッターは下の画像のように表示されるので、確認します。

こうした少しの配慮で、資料はもっとわかりやすくなります。

144 新しいワークシートを挿入する

ワークシートの挿入

新しいワークシートを挿入したいときは、**Shiftキーを押しながら、F11キーを押す**と効率的です。このショートカットキーを押すと、アクティブシートの前に、新しいシートが追加されます。

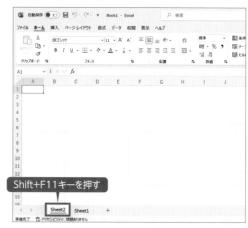

Shift+F11キーを押すと、新しいシートが追加されます。新しいシートは、今まで表示されていたアクティブシートの右側に表示されます。

145 ワークシートを切り替える

ワークシートの切り替え

複数のシートを見比べながら資料を作るとき、いちいちマウスでシートを切り替えるのはもどかしいもの。**Ctrlキーを押しながらPageUp、PageDownキーを押す**と、すばやくワークシートを切り替えられます。

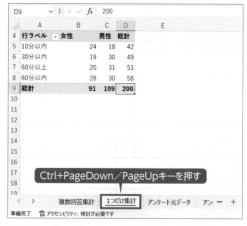

Ctrl+PageDownキーで一つ右のワークシート、Ctrl+PageUpキーで一つ左のワークシートに切り替わります。マウスを使用するより、すばやく切り替えられます。

146 ワークシートの名前を変える

ワークシートの名前変更

ワークシートを2つ以上使うブックでは、**内容がひと目でわかる名前に変えて**おきましょう。画面下部のワークシートのタブをダブルクリックすると名前が編集できるようになるので、適切な名前を入力します。

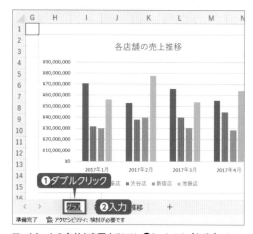

ワークシートの名前を変更するには、❶シートのタブをダブルクリックし、❷新しいワークシートの名前を入力します。

147 ワークシートの見出しの色を変える

シート見出しの色を設定

扱うシート数が増えて、名前だけでは内容がわかりづらくなってきたら、**シート見出しの色を変更**してみましょう。グラフは赤、元データは青、分析したデータは緑のように使い分けると見やすくなります。

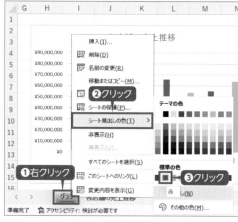

❶色を変えたいシートのタブを右クリックします。表示されたメニューから❷「シート見出しの色」をクリックし、❸設定したい色をクリックします。

148 すぐ上の セルの内容を 貼り付ける

データの複製

Ctrlキーを押しながらDキーを押すと、1つ上のセルと まったく同じ値を現在のセルに複製できます。コピーと 貼り付けの手順を一度で実行できるので、ぜひ覚えて おきましょう。

Ctrl+Dキーを押すと、1つ上のセルと同じ値を現在のセルに複 製します。コピー＋貼り付けを1アクションで実行できます。

149 すぐ左の セルの内容を 貼り付ける

データの複製

横方向にデータを増やす表を作るときは、**左隣のセル の値を現在のセルに複製するCtlr+Rのショートカッ トキー**が便利です。Ctrl+Dキーと合わせてぜひ身に 付けておきたいテクニックです。

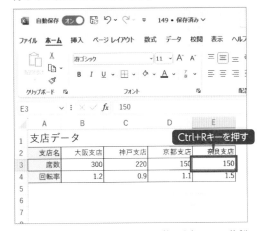

Ctrl+Rキーを押すと、左隣のセルと同じ値を現在のセルに複製 します。テク148と同様、コピーと貼り付けを1アクションで行って います。

150 セルの 書式設定を すぐ開く

セルの書式設定

表示形式の設定や罫線、フォント、背景色などをまとめ て設定できる「**セルの書式設定**」ダイアログボックス。 実はこの画面、**Ctrlキーを押しながら1キーを押す**こ とでスピーディに呼び出せます。

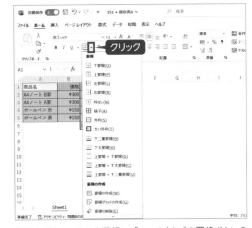

Ctrl+1キーを押すと、「セルの書式設定」ダイアログボックスが 表示されます。「セルの書式設定」はよく使う機能なので、覚えて おくと便利です。

151 セルに 罫線を引く

罫線の設定

Excelに最初から引かれているグレーの線は、あくま で視認性を高めるためのもので、実際には印刷されま せん。印刷する表を作るときは**ホームタブの罫線ボタ ン**から、自身で罫線を設定する必要があります。

罫線を引きたいセルを選択し、「ホーム」タブの罫線ボタンの 「▼」をクリックして、メニューを表示します。設定したい罫線を選 択すると、シート上に罫線が反映されます。

152
コメント

セルに
コメントを
付ける

データの入力時に気を付けてほしい注意事項や、データを見ていて気になるところがあったら、**コメント**を追加しておきましょう。追加したセルにマウスカーソルを合わせると、コメントが表示されます。

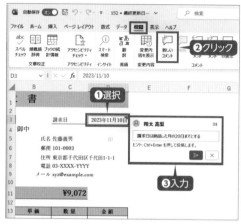

❶コメントを追加したいセルを選択し、❷「校閲」タブの「新しいコメント」をクリックします。コメントの記入欄が表示されるので、必要事項を記入します。

153
検索と選択

入力を忘れて
いる空白セルを
見つける

名簿やテスト結果の集計表で、未入力になっているところをチェックしたいときは、「**条件を指定してジャンプ**」で、「**空白セル**」を設定すれば、未入力のセルをまとめて選択できます。

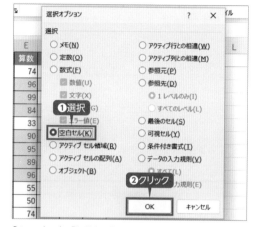

「ホーム」タブの「編集」→「検索と選択」→「条件を指定してジャンプ」をクリック。❶ダイアログボックスで「空白セル」を選択し、❷「OK」をクリックします。

154
グラフの作成

キー操作だけ
でグラフを
作成する

表を選択後、**Altキー**を押しながら**F1キー**を押すことで、すばやくグラフを作成することができます。おおまかな数値の傾向をつかみたいときに、この機能でパッとグラフを作ってはいかがでしょう。

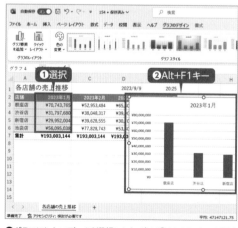

❶グラフにしたいデータを選択します。次に❷Alt+F1キーを押すだけで、すぐにグラフが作成されます。すばやくグラフが作成できるので、ぜひ覚えておきましょう。

155
データバー

セル内に
グラフを
表示する

表に書かれた数値から大小を見極めるのは、意外と難しいものです。**データバー**を使って表の中に小さな棒グラフを作れば、どの数値が大きいかを**直感的に見極められる**ようになります。

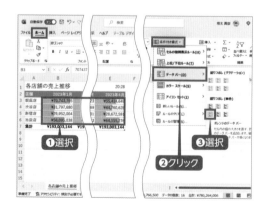

❶データバーを設定したいセルを選択し、❷「ホーム」タブの「条件付き書式」→「データバー」をクリックして、❸設定したいデータバーのタイプを選択します。

156
TRIM関数
セル内の空白を削除する

余計なスペースを取り除きたいときはTRIM関数を使いましょう。**文字列の前後と単語間の余計な空白を**取り除きます。また、検索と置換で「検索」を空白文字、「置換」を未入力にして置換しても同様の結果になります。

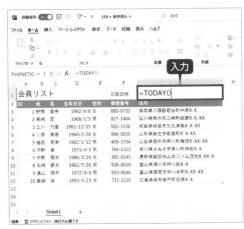

空白を取り除く関数「=TRIM(B2)」をセルC2に入力し、下の行にコピーすると、B列から余計な空白を取り除いた文字列がC列に表示されます。

157
CLEAN関数
セル内の改行を削除する

Alt+Enterキーで入力できるセル内の改行。改行したはいいものの、やっぱり削除したいと思ったときは、**CLEAN関数**を使います。

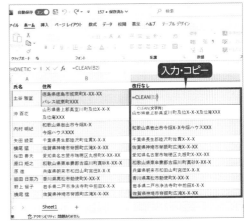

空白を取り除く関数「=CLEAN(B2)」をセルC2に入力し、下の行にコピーすると、B列から改行を取り除いた文字列がC列に表示されます。

158
TODAY関数
データを開いた時点の日付を表示する

Ctrl+;キーで日付を入力するのですら面倒!という人におすすめなのが、**TODAY関数**。この関数を日付欄に入力しておくと、Excelファイルを開いた日の日付が自動で表示されるようになります。

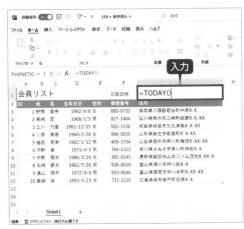

日付を表示したいセルに関数「=TODAY()」を入力すると、ファイルを開いた日の日付が表示されます。毎回Ctrl+;キーを押すのが面倒な場合は、こちらで日付を表示しましょう。

159
NOW関数
データを開いた時点の日時を表示する

"書類の印刷日時"のように、日付だけでなく**現在時刻**まで自動で入力したいときは、**NOW関数**を使います。NOW関数では、ファイルを開いたときの日付と時刻が自動で表示されます。

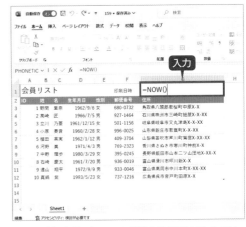

日付と時刻を表示したいセルに関数「=NOW()」を入力すると、ファイルを開いた日時が表示されます。印刷日時が必要な場合は、こちらで表示しましょう。

160
COUNTA関数
データが入力されたセルを数える

あるセル範囲の中でデータが入力されたセルがいくつあるか数えるには、**COUNTA関数**を使います。宴会の出欠確認で、いま何人から返事が来ているか確認するときなどに使うと便利です。

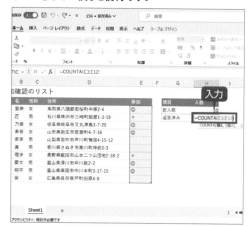

入力済みのセルを数える関数「=COUNTA()」を入力すると、引数に指定したセル範囲で、データが入力されたセルの数が求められます。

161
COUNTIF関数
特定の値が入力されているセルを数える（COUNTIF関数）

テク124のCOUNT関数は数値が入力されたセルの個数を数えてくれます。特定の文字列や数値など、指定した条件のセルを数えたいなら、**COUNTIF関数**を使いましょう。

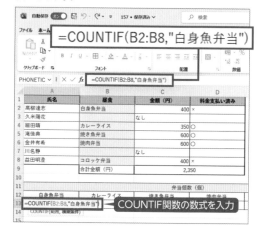

セルを選択し、COUNTIF関数の数式「=COUNTIF(範囲,検索条件)」を入力します。ここでは、白身魚弁当の個数を数えたいので「範囲」に「昼食」の項目（B2:B8）を選択し、「検索条件」に「白身魚弁当」と入力しています。

162
MOD関数
割り算の余りを計算する

エクセルで割り算の余りを求めるには、**MOD関数**を使います。例えば100本の鉛筆を購入するとき、1箱12本の鉛筆8ダースと4本の鉛筆を購入しますが、この"4本"の部分を求めるのが、余りの役割です。

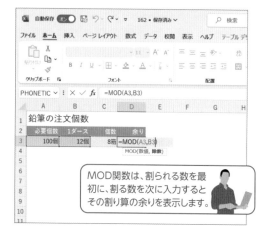

MOD関数は、割られる数を最初に、割る数を次に入力するとその割り算の余りを表示します。

例えば、割り算の割られる数A3を第1引数に、割る数B3を第2引数に指定します。関数「=MOD(A3, B3)」を入力すると、A3をB3で割ったときの余りが求められます。

163
CONCAT関数
複数のセルの値を1つにまとめる

文字列の結合は&演算子でもできますが、結合対象のセルが増えると数式を書くのが大変です。このようなときは、**CONCAT関数**を使いましょう。引数に指定したセルの値を1つのセルに簡単にまとめてくれます。

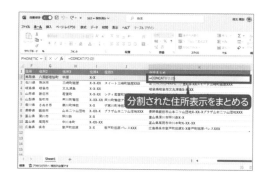

例えば、値を結合したいセル範囲F2:J2を引数に指定し、関数「=CONCAT(F2:J2)」を入力すると、F2からJ2に入力された値を結合して表示します。

164 別の表から商品名や価格などのデータを取り込む

VLOOKUP関数

ここからは少し上級寄りのテクニックを紹介していきます。別の表に入力した商品名や価格などのデータを取り込む場合は、「VLOOKUP関数」を使うと効率的です。VLOOKUP関数は、**表内を検索して、指定した値を取り出し自動入力してくれる関数**です。難しい数式ですが、ビジネスで必須の関数なので使い方をマスターしておきましょう。

1 VLOOKUP関数を入力する

セルを選択し、VLOOKUP関数の数式「=VLOOKUP(検索値,範囲,列番号,検索方法)」を入力します。

引数	引数の役割
検索値	検索したい値またはセルを指定します。本項の場合は、商品名を反映させるための商品コードが入力されている「請求書2」シートの「A18」を選択します。
範囲	検索し、データを取り出す表の範囲を指定します。検索の対象となる列は、「範囲」の左端に位置する必要があります。本項の場合は、「リスト」シートの「A2:C6」を指定しています。
列番号	表示したい値が「範囲」の何列目にあるのかを指定します。本項の場合は商品コード一覧の2列目にある「商品名」を表示させたいので、「2」と入力します。
検索方法	「FALSE」か「TRUE」のいずれかの方法で検索するか指定します。基本的には、入力した値が完全一致しなければデータを反映されないようにする「FALSE」を指定します。

2 検索値で指定したセルに値を入力する

	商品コード	商品番号・商品名	単位	数量
16				
17	1001	ハウスキット 1	個	5
18		➡ 入力		
19	1001			
20	1002			
21	1003			
22	1004			
23	1005			
24				

VLOOKUP関数で「検索値」に指定したセルに、数値を入力します。ここでは、例として商品コードの「1002」を入力します。

3 セルに値が反映された

	商品コード	商品番号・商品名	単位	数量
16				
17	1001	ハウスキット 1	個	5
18	1002	ハウスキット 2		
19		値が反映された		
20				
21				
22				
23				
24				

VLOOKUP関数を入力したセルに、検索した値が反映されました。

Tips

初心者は[関数の引数]ダイアログボックスを活用しよう

VLOOKUP関数の数式は複雑なため、上手く指定しないと反映されない場合も少なくありません。慣れるまでは、セルを選択後に fx をクリックして[関数の挿入]ダイアログボックスの入力欄に「VLOOKUP」と入力して[検索開始]をクリックしましょう。検索結果から[VLOOKUP]をクリックすると、[関数の引数]ダイアログが表示されます。「検索値」「範囲」「列番号」「検索方法」を項目ごとに指定できるので、セルに数式を入力するよりはVLOOKUP関数を入力しやすくなります（fx=FXボタン=関数の挿入ボタン）。

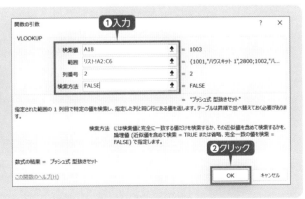

Excelを使いこなす

109

165

XLOOKUP関数

XLOOKUP関数で縦・横両方からデータを取り込む

Microsoft 365には、**XLOOKUP関数**もあります。用途はテク164のVLOOKUP関数と同じですが、**縦・横の両方に検索が可能**（VLOOKUPは縦方向のみしか検索できない）、引数「検索範囲」や引数「戻り範囲」がより柔軟に指定できるようになる、引数「検索値」が見つからないときに返す値を指定できるなど、VLOOKUP関数より使い勝手が向上しています。

1 XLOOKUP関数を入力する

XLOOKUP関数の数式を入力

セルを選択し、XLOOKUP関数の数式「=XLOOKUP(検索値,検索範囲,戻り範囲)」を入力します。

引数	引数の役割
検索値	検索したい値またはセルを指定します。本項の場合は、商品コードが入力されている「請求書2」シートの「A19」を選択します。
検索範囲	検索対象となる値が入力されている列または行を選択します。本項の場合は「商品コード」から検索したいので、「リスト」シートの「A2:A6」を指定しています。
戻り範囲	取り出したい値が入力されている列または行を選択します。VLOOKUP関数でいうところの「列番号」を意味する引数です。本項の場合は「商品名」を表示させたいので、「リスト」シートの「B2:B6」を指定しています。
見つからない場合	検索して一致するデータが見当たらない場合に指定したテキストを表示させます。必要ない場合は指定しなくてもOKです。
一致モード	一致の種類を指定します。既定の「0」を指定すると、検索して見つからない場合に#N/Aが表示されます。必要ない場合は指定しなくてもOKです。
検索モード	検索モードを指定します。既定の「1」を指定すると、先頭の項目から順番に検索が実行されます。必要ない場合は指定しなくてもOKです。

2 検索値で指定したセルに値を入力する

入力

XLOOKUP関数で「検索値」に指定したセルに、数値を入力します。ここでは、例として商品コードの「1003」を入力します。

3 セルに値が反映された

値が反映された

XLOOKUP関数を入力したセルに、検索した値が反映されました。

Tips

一致モードと検索モード

一致モードと検索モードには、「0」「1」「-1」「2」「-2」の数値を入力して条件を指定します。各数値の意味は右の表を参照してください。なお、これらは省略も可能です。省略した場合は、自動的に既定の条件が設定されます。ビジネスシーンでは、基本的に既定のままで問題ないでしょう。

	0	完全一致を設定する際に使用します。XLOOKUPの既定の設定です。検索して見つからない場合は#N/Aと表示されます。
一致モード	-1	完全一致を設定する際に使用します。検索して見つからない場合は、次に小さい項目が表示されます。
	1	完全一致を設定する際に使用します。検索して見つからない場合は、次に大きな項目が表示されます。
	2	ワイルドカード文字と一致させたいときに使用します。
検索モード	1	先頭から末尾へ順番に検索します。XLOOKUPの既定の設定です。
	-1	末尾から先頭へ順番に検索します。
	2	バイナリ検索です。自動的に昇順へ並べ替えて検索を行います。
	-2	バイナリ検索です。自動的に降順へ並べ替えて検索を行います。

166

VLOOKUP関数のエラーを表示しないようにする

IFERROR関数

VLOOKUP関数を設定したときに、該当する答えがないと「#N/A」というエラーが表示されます。エラーがわずらわしい場合は、IFERROR関数を設定してエラー時に非表示になるよう設定しましょう。

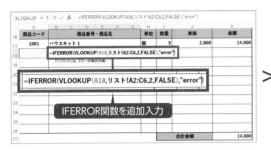

IFERROR関数を追加入力

エラー時には設定した値が表示される

IFERROR関数の数式は「=IFERROR(値, エラーの場合に表示される値)」ですが、すでにVLOOKUP関数を設定しているのであれば「IFERROR(VLOOKUP(検索値,範囲,列番号,検索方法)),"エラーの場合に表示される値")」を付け加えることでIFERROR関数を追加設定できます。ここでは、例としてエラー時に「error」と表示されるように設定しています。何も表示したくない場合は「""」と入力しましょう。

VLOOKUP関数のエラーが発生する場合は、前手順のIFERROR関数で設定した値が表示されるようになります。

167

複数の数値の掛け算を関数でシンプルに書く

PRODUCT関数

掛け算するときの数式は「*」を使いますが、**掛け算したい数値が複数ある場合はPRODUCT関数を使うほうが便利です。**範囲指定した複数のセルも掛け算できるので、手入力するより確実でミスの防止にもつながります。

	A	B	C	D	E
1			注文票		
2					2023年11月10日
3	メニュー	数量	単価	割引	金額
4	からあげ弁当	22	800	0.8	=PRODUCT(B4:D4)
5	のり弁	27	600	0.7	PRODUCT(数値1, [数...
6	牛丼弁当	12	900		
7	野菜たっぷり弁当	12	750		
8	カツ丼	15	1,000	0.9	
9	海鮮弁当	23	1,500	1	
10	野菜カレー弁当	21	850	1	
11	海鮮丼	12	1,300	1	
12	焼肉弁当	10	1,100	1	
13	うな重弁当	15	2,000	0.9	
14			小計		円
15			消費税		円

PRODUCT関数を入力

	A	B	C	D	E
1			注文票		
2					2023年11月10日
3	メニュー	数量	単価	割引	金額
4	からあげ弁当	22	800	0.8	14,080
5	のり弁	27	600	0.7	
6	牛丼弁当	12	900		
7	野菜たっぷり弁当	12	750		
8	カツ丼	15	1,000	0.9	
9	海鮮弁当	23	1,500	1	
10	野菜カレー弁当	21	850	1	
11	海鮮丼	12	1,300	1	
12	焼肉弁当	10	1,100	1	
13	うな重弁当	15	2,000	0.9	
14			小計		14,080円
15			消費税		1,408円

値が反映された

セルを選択し、PRODUCT関数の数式「=PRODUCT(範囲)」を入力します。範囲はドラッグすると選択可能です。

PRODUCT関数を入力したセルに、掛け算の結果が反映されました。

168 条件に合わせて表示を切り替える（IF関数）

IF関数

入力したデータや関数の計算結果によってセルに表示する値を切り替えたいときは、**IF関数**を使います。IF関数は、**設定した条件によってセルに表示させる値を変えてくれる関数**です。2つ以上の条件を組み合わせたり、「AND」「OR」などの条件を組み合わせたりすることも可能です。

超重要

1 IF関数を入力する

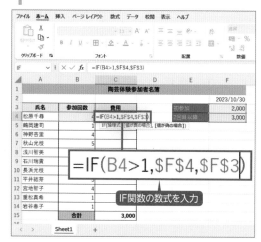

=IF(B4>1,F4,F3)

IF関数の数式を入力

セルを選択し、IF関数の数式「=IF(論理式,値が真の場合,値が偽の場合)」を入力します。参加回数が1より大きい場合は絶対参照のF4、そうでない場合は絶対参照のF3が表示される数式になっています。

2 セルに値が反映された

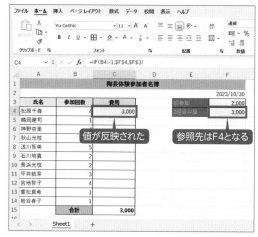

値が反映された

参照先はF4となる

IF関数を入力したセルに値が反映されます。本項の場合は「参加回数」が「3」なので、条件に合う値「3,000」が表示されました。

3 数式をコピーする

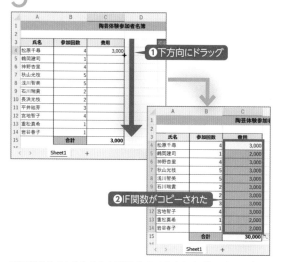

❶下方向にドラッグ

❷IF関数がコピーされた

IF関数を入力したセルの右下にポインタを合わせ、❶アイコンが「＋」に代わったら下方向にドラッグします。❷ドラッグした範囲にIF関数の数式がコピーされます。本項の例では、参加回数に応じて費用が変わることがわかります。

Tips

比較演算子とは

IF関数の論理式では「=」「>」「<」をはじめ、2つの値を比較するための比較演算子を使用します。「≥」「≤」など一部の比較演算子は1つの記号ではなく2つの記号を組み合わせて比較演算子として使用します。

Excelで使用できる比較演算子

比較演算子	Excelで使用する場合	意味
=（等号）	=	等しい
<（大なり記号）	<	～より大きい
>（小なり記号）	>	～より小さい
≥（より大か等しい記号）	>=	～以上
≤（より小か等しい記号）	<=	～以下
≠（不等号）	<>	等しくない

169

複数の条件に合わせて表示を切り替える(IFS関数)

IFS関数

IF関数は数式を入れ子にすれば複数の条件も指定可能ですが、数式が複雑になるためわかりにくくなります。このような場合は、IFS関数を使用すればIF関数よりも簡単に複数の条件を設定できます。

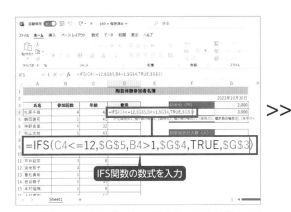

>>

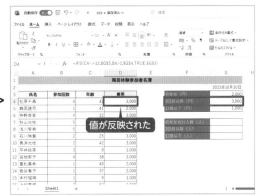

セルを選択し、IFS関数の数式「=IF(論理式1,値が真の場合1,論理式2,値が真の場合2……以下追加可能)」を入力します。優先したい条件は前の方に設定しましょう。本項では、❶年齢が12以下の場合は12歳以下の料金、❷参加回数が2以上の場合に2回目以降の料金、それ以外の場合は初参加の料金を表示するように条件を設定します。

IFS関数を入力したセルに値が反映されます。IFS関数で「それ以外の場合」という条件を設定するには、最後の論理式に真を表す「True」を指定します。

170

商品ごとの売り上げ合計を計算する(SUMIF関数)

SUMIF関数

特定の文字列を含む場合や特定の文字や数値を比較する場合など、指定した条件で合計の数値を求めたい場合はSUMIF関数を使います。比較演算子やワイルドカードを検索条件に使用することも可能です。

	A	B	C	D	E	F
1			注文票			
2					2023年11月10日	
3	メニュー	数量	単価	割引	金額	
4	からあげ弁当	22	800	0.8	14,080	
5	のり弁	27	600	0.7	11,340	
6	牛丼弁当	12	900	1	10,800	
7	野菜たっぷり弁当	12	750	1	9,000	
8	カツ丼	15	1,000	0.9	13,500	
9	海鮮弁当	23	1,500	1	34,500	
10	野菜カレー弁当				17,850	
11	海鮮丼	12	1,300	1	15,600	
12	焼肉弁当				11,000	

SUMIF関数の数式を入力

=SUMIF(A4:A13,"*弁当*",B4:B13)

	消費税	16,467 円
合計		
弁当	=SUMIF(A4:A13,"*弁当*",B4:B13)	
丼個数	SUMIF(範囲, 検索条件, [合計範囲])	

>>

	A	B	C	D	E	F
1			注文票			
2					2023年11月10日	
3	メニュー	数量	単価	割引	金額	
4	からあげ弁当	22	800	0.8	14,080	
5	のり弁	27	600	0.7	11,340	
6	牛丼弁当	12	900	1	10,800	
7	野菜たっぷり弁当	12	750	1	9,000	
8	カツ丼	15	1,000	0.9	13,500	
9	海鮮弁当	23	1,500	1	34,500	
10	野菜カレー弁当	21	850	1	17,850	
11	海鮮丼	12	1,300	1	15,600	
12	焼肉弁当	10	1,100	1	11,000	
13	うな重弁当	15	2,000	0.9	27,000	
14			小計			
15			消費税	値が反映された		
16			合計金額	181,137 円		
17			弁当個数合計	115		
18			丼個数合計			

セルを選択し、SUMIF関数の数式「=SUMIF(範囲,検索条件,合計範囲,)」を入力します。特定の単語を指定する場合は、ワイルドカードの「*」で単語を囲みましょう。本項では、「弁当」という単語を含むセルの合計を計算するよう設定します。

SUMIF関数を入力したセルに値が反映されます。

171

ピボットテーブル

ピボットテーブルって どんな機能なの?

ピボットテーブルとは、表のデータを元にさまざまな集計・分析ができるExcelの機能です。難しい関数や複雑な数式を使わなくても簡単かつ効率的に集計・分析ができるので、ぜひ使ってみましょう。

膨大なデータの中から条件を指定してデータを分析するのは時間がかかります。しかし、ピボットテーブルを使えば画像のような表を瞬時に集計・分析してくれます。

ピボットテーブルを設定すると、表から必要な項目を抽出したり並べ替えたりすることができます。例えば売上表を元にピボットテーブルを作成すると、商品別の売上や平日・休日ごとの売上を集計・分析できます。

172

ピボットテーブル

ピボットテーブルの 集計元ファイルを作成する

ピボットテーブルでデータを分析するには、集計元の表を適切な形式で準備しておく必要があります。いちばん重要なのは、1つのデータを1つの行に記録すること。また、見出し行は空欄NG、セルの結合もNGなどのルールもあります。**テーブル機能を活用すれば便利です。**

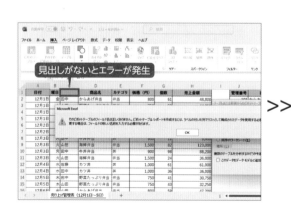

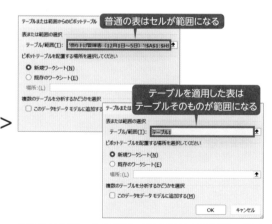

集計元ファイルは、1つのデータを1行に記録するデータベース形式で作成するのがポイントです。このとき、表の1行目には必ず見出しを設定しておきましょう。見出しを設定しておかないと、ピボットテーブルの取り込み時にエラーが発生してしまいます。

集計元の表をテーブルに変換しておけば（テク092参照）、ピボットテーブルの範囲に「テーブル」を設定できます。後から集計元の表でデータを追加・削除しても自動的にピボットテーブルの集計範囲に反映されるので、範囲選択をし直す必要がありません。

173

ピボットテーブル

ピボットテーブルを作成する

テク172を参考にして集計元のデータを準備したら、ピボットテーブルを作成してみましょう。「挿入」タブで「ピボットテーブル」をクリックすることでも作成できますが、ゼロからレイアウトを考える必要があるため、初心者にはやや難解です。ここではより簡単な「**おすすめピボットテーブル**」を活用する方法を紹介します。

1 ピボットテーブルを作成する

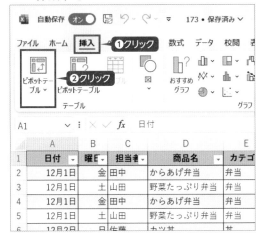

集計対象の表内にカーソルを移動したら、❶「挿入」タブをクリックし、❷「おすすめピボットテーブル」をクリックします。

2 集計表を選択する

ダイアログボックスでいくつか集計のパターンが提案されます。❶使いたい集計表を選択し、❷「OK」をクリックしましょう。

3 ピボットテーブルが作成された

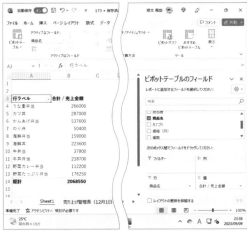

新しいシートが作成され、手順2で選択したデザインをもとに集計表（ピボットテーブル）が作成されます。

Tips

ピボットテーブルのデータを更新する

集計元の表に新しいデータを追加したり、不要なデータを削除したりしても、ピボットテーブルで作った集計表に自動で反映されることはありません。集計表のセルを右クリックし「更新」をクリックすると、最新のデータをもとに集計し直してくれます。

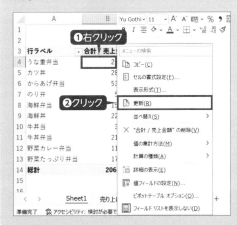

174

ピボットテーブル

ピボットテーブルで 角度を変えてデータを集計

テク173を参考にしてピボットテーブルを作成したら、フィールドの位置を入れ替える などし、角度を変えて分析してみましょう。マウス操作でフィールドの位置を入れ替え るだけで、**表の形が次々と変わっていく様子**が確認できます。

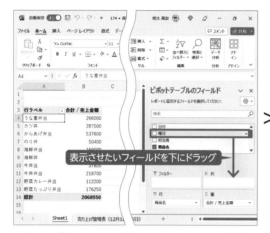

>>

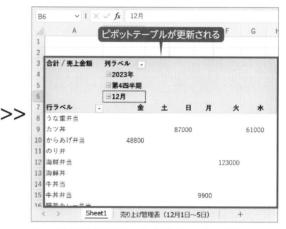

ピボットテーブルにカーソルを移動し、表示させたいフィールドを下の 「列」や「行」、「値」にドラッグします。

フィールドを下の欄に移動すると、ピボットテーブルに反映されます。 新しいフィールドを追加したり、フィールドの位置を入れ替えたりして、 いろいろな角度からデータを分析してみましょう。

175

ピボットグラフ

ピボットテーブルのデータをもとに グラフを作成する

ピボットテーブルには、「**ピボットグラフ**」というグラフ作成機能も用意されています。 集計元のデータを修正・削除したり、フィールドを入れ替えたりしてピボットテーブルを カスタマイズすると、ピボットグラフも連動して変化します。

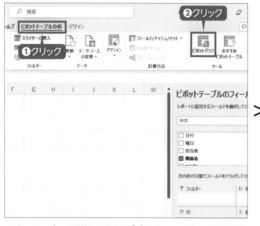

>>

ピボットテーブルを選択した状態で❶「ピボットテーブル分析」タブを クリックして切り替え、❷「ピボットグラフ」をクリックします。

❶「グラフの挿入」ダイアログの左側からグラフの種類を選択し、❷ グラフの種類を選択して❸「OK」をクリックすると、グラフが作成され ます。

176

ピボットテーブル

ピボットテーブルで特定の期間の
データだけを集計する(タイムライン)

ピボットテーブルでは、**指定した期間のデータを抽出してくれる「タイムライン」**機能が利用できます。タイムラインは、「年」「四半期」「月」「日」の4項目を操作して期間を指定することで、該当する期間のデータだけでピボットテーブルを再集計する機能のことです。フィルター機能より直感的かつ簡単に期間を指定できます。

1 タイムラインを作成する

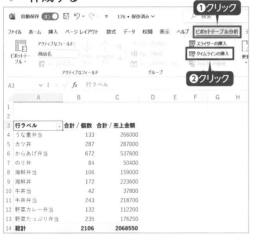

ピボットテーブルを選択した状態で❶「ピボットテーブル分析」タブをクリックして切り替え、❷「タイムラインの挿入」をクリックします。

2 日付にチェックを付ける

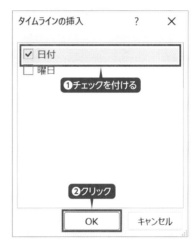

「タイムラインの挿入」ダイアログが表示されます。❶「日付」にチェックを付けて、❷「OK」をクリックします。

3 期間の表示を切り替える

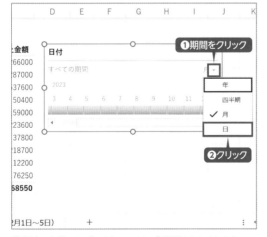

❶「月」の右側にある「▼」をクリックし、❷期間をクリックします。ここでは、例として特定の日にちのデータを抽出したいので「日」をクリックします。

4 抽出したい期間を指定する

タイムラインが手順3で指定した表示に切り替わります。❶抽出したい期間をクリックもしくはドラッグすると、❷指定した期間のデータがピボットテーブルに反映されます。

177

ピボットテーブル

ピボットテーブルである担当者の データだけを集計する

ピボットテーブルから**特定の項目の集計データ**を抽出したいときは、「**スライサー**」というフィルタリング機能が便利です。スライサーで抽出したい項目を選択し、条件を指定すれば該当するデータを表示してくれます。例えば、特定の担当者のデータだけを絞り込みたいときなどに活躍してくれます。

1 スライサーを作成する

ピボットテーブルを選択した状態で❶「ピボットテーブル分析」タブをクリックして切り替え、❷「スライサーの挿入」をクリックします。

2 絞り込みたい項目を選択する

「スライサーの挿入」ダイアログから❶絞り込みたい項目を選択し、❷「OK」をクリックします。なお、項目は複数選択することも可能です。

3 担当者名を選択する

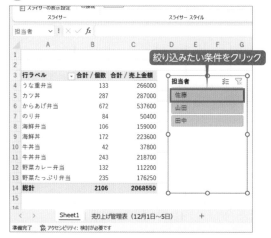

手順2で選択した項目のスライサーが挿入されます。スライサーから絞り込みたい条件をクリックしましょう。ここでは、例として「佐藤」をクリックします。Ctrlキーを押しながらクリックすれば、絞り込みたい条件を複数選択することも可能です。

4 データが絞り込まれた

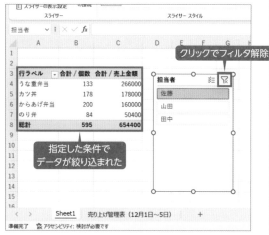

手順3で指定した条件のデータだけが抽出されます。元の状態に戻したいときは、スライサーの「フィルターのクリア」をクリックします。

Power Point を使いこなす

4

超重要↓

メインとなる画面の名称と機能を覚えよう!

新製品の発表や企画の提案など、人前に立ってプレゼンテーションをしなくてはならない機会もあるでしょう。その手助けをしてくれるソフトがPowerPointです。
ここでは、効果的なプレゼン画面や、ビジュアルを重視した図形やグラフの作り方や、本番で役立つプレゼンテクニックを紹介します。

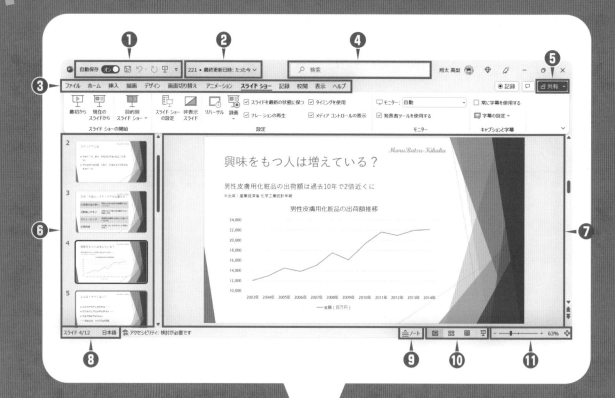

① クイックアクセスツールバー
よく利用する機能を登録しておくためのツールバーです。どの画面からでも1クリックで登録した機能を呼び出せます。

② タイトルバー
現在開いているファイルの名前が表示されます。

③ リボン
PowerPointの各種機能を呼び出すためのメニューです。「ファイル」「ホーム」「挿入」「デザイン」「画面切り替え」「アニメーション」「スライドショー」「記録」「校閲」「表示」「ヘルプ」の11個のタブがあります。

④ ヘルプ
キーワードを入力することで、使いたい機能を実行したり、ヘルプを確認したりすることができます。

⑤ 共有
プレゼンテーションをOneDriveに保存して、ほかのユーザーと共有することができます。

⑥ スライド一覧
作成したスライドのサムネイルが表示されます。クリックすると、編集画面がそのスライドに切り替わります。

⑦ 編集画面
編集中のスライドが表示される場所です。ここで文字や画像を追加したり、レイアウトを調整したりします。

⑧ ステータスバー
スライドの枚数や使用中の言語などの情報が表示されます。

⑨ ノート、コメント
スライドに追加したノートやコメントを表示します。

⑩ 画面モード
編集画面の表示を「標準」「スライド一覧」「閲覧表示」「スライドショー」の4つから選択できます。

⑪ 表示倍率・ズームバー
編集画面の表示倍率を調整できます。

プレゼンテーションとスライド
PowerPointでは、1つの文書のことを「プレゼンテーション」、文書内の各ページのことを「スライド」と呼びます。

スライドショー
作成したプレゼンテーションを発表するモードのことを「スライドショー」といいます。写真のスライドショーとは違い、発表者が任意のタイミングでスライドの表示を切り替えられます。

178

アウトライン作成

（ 基本 ）

超重要

アウトラインで
スライドの骨子を作る

いきなり「スライドを作る」と考えてみても、何をどうしたものか見当がつかないもの。まずは**アウトラインモード**に切り替えて、プレゼンテーションで紹介したいことを**箇条書きで書き出しながらページを割り振ってみましょう**。あとからいくらでも順番やページ割りは調整できるので、思いつくままに書き込めばOKです。これだけでもぐっとスライドらしく仕上がります。

1 スライドのタイトルを入力する

「表示」タブの「アウトライン表示」をクリックして画面表示を切り替えます（テク189参照）。アウトライン表示でテキストを入力すると、タイトル部分にテキストが反映されます。

2 Enterキーで新しいページを作成する

Enterキーを押すと、新しいページが作成されます。そのまま続けてテキストを入力すると、タイトルとして表示されます。

3 Tabキーで見出しの階層を決める

1つのスライドの中にもう少し細かな情報を割り振りたいときは、Tabキーを押して見出しの階層を下げましょう。Shift+Tabキーを押すと、見出しの階層を上げることができます。

4 ほかのページも作っていく

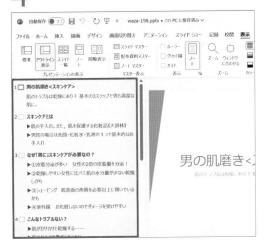

1～3の手順を繰り返して、各ページにテキストを割り振っていきましょう。こうしてスライドのベースを作ったら、箇条書きを図やグラフに置き換えたりして、内容を仕上げていきます。

スライドの順番を入れ替える方法は、P129のテク190で紹介しています。

P
o
w
e
r
P
o
i
n
t
を
使
い
こ
な
す

121

179

SmartArt

凝った図形を
手早くかんたんに作る

作業の流れや、組織の階層構造を説明するときには図が効果的です。しかし、あまりに簡素な図ではかえって説得力に欠けてしまいます。こんなときはSmartArtを活用しましょう。**あらかじめ用意されているパターンを選んだら、あとは指示に沿ってテキストを入力するだけで、凝った図を作ることができます。**

1 「SmartArt」ボタンをクリックする

今回は「3つの要素が循環するように影響しあう」という図を作ってみます。図を挿入したいスライドを開き、❶「挿入」タブの❷「SmartArt」をクリックします。

2 図形を選択する

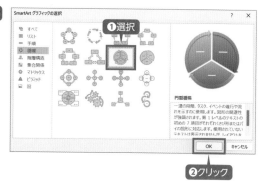

SmartArtグラフィックの選択画面が表示されるので、❶使いたい図形を選択し、❷「OK」をクリックします。今回は「循環」の「円形循環」を選びました。

3 テキストを入力する

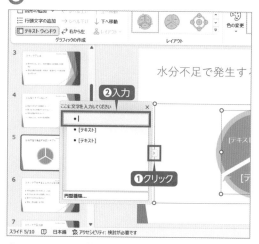

❶図形の左側にある ‹ をクリックし、❷図に入れたいテキストを入力します。この図は最初から3つの要素が用意されていますが、2つや4つに数を調整することもできます。

4 サイズを調整する

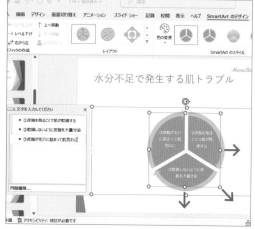

テキストの入力が完了したら、「○」をドラッグして図のサイズを調整しましょう。図は中のテキストが見やすくなるように、なるべく大きくするのがポイントです。

図の中にはテキストを書きすぎないことも大事。5秒で意味がつかめる程度のボリューム感にしましょう。

180 スライドマスターで文字サイズを調節する

スライドマスター

文字が小さいスライドは、聴衆にとって大きなストレス。**初期設定より少し大きめがポイント**です。しかし、一つひとつテキストボックスを選択して書式を変更していてはキリがありません。**スライドマスター**というスライドの設計図部分を変更すれば、全スライドの書式をまとめて変更することができます。

1 スライドマスターに表示を切り替える

まずは画面の表示をスライドマスターに切り替えましょう。❶「表示」タブの❷「スライドマスター」をクリックすると、スライドマスターが表示されます。

2 スライドマスターで文字サイズを大きくする

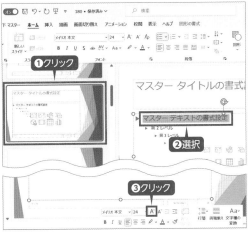

❶画面の左で変更したいスライドの種類をクリックします。次に、❷「マスターテキストの書式設定」を選択後、❸ A＾をクリックして文字サイズを大きくしましょう。

3 スライドマスターで行間を広げる

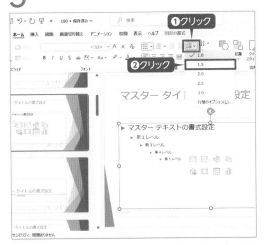

行間が詰まり気味なのも気になります。これもスライドマスターで広げておきましょう。「ホーム」タブで❶ ≡ ▾→❷「1.5」をクリックすると設定できます。

4 元の編集画面に戻る

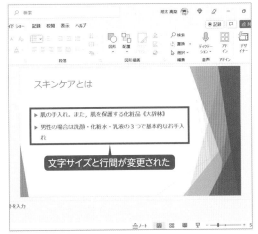

設定が終わったら、「スライドマスター」タブの「マスター表示を閉じる」をクリックしましょう。元の編集画面に戻り、スライドの文字と行間が調整されていることがわかります。

スライドマスターの設定を変更しても反映されないときは、編集するスライドが間違っているのかもしれません。確認し直してみましょう。

181

画像の追加

スライドに画像を入れて 説得力を高める

「百聞は一見にしかず」とはよく言ったもので、商品の説明をするときはメリットを言葉を尽くして伝えるより、**一枚の画像を見せたほうが効果的**なことも多いでしょう。スライドに画像を追加するには、「**挿入**」タブの「**画像**」をクリックしましょう。大きな画像は適切なサイズに調整することも忘れずに。

1 「挿入」タブの「画像」をクリック

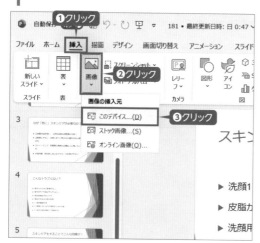

スライドに商品イメージを追加してみましょう。画像を追加したいスライドを表示し、❶「挿入」タブの❷「画像」→❸「このデバイス」をクリックします。

2 追加する画像を選択する

❶スライドに追加したい画像を選択し、❷「挿入」をクリックします。スライドに画像を直接ドラッグすることでも、画像を追加することができます。

3 画像のサイズを調整する

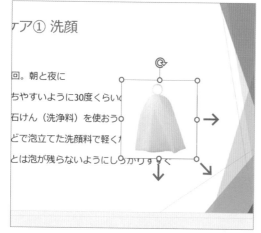

画像が挿入されました。少し小さく配置されてしまったので、大きくしましょう。画像の「○」をクリックして、サイズを調整します。

Tips

画像の背景は 簡単に削除できる

画像を選択した状態で、「図の形式」の「背景の削除」をクリックすると、画像の余計な背景をかんたんに削除できます。紫になっている部分が削除される背景部分です。

文字だけのスライドは退屈。画像や図を使って、視覚的に楽しいスライドに仕上げていきましょう。

182
グラフの作成

数字の推移を
グラフで表現する

「売り上げが10年間で2倍になった」「商品の獲得シェアが1位になった」といった
ニュースは、言葉だけで表現しても、意外と聞き流されてしまいます。こんなときはグ
ラフを使い、聴衆により強いインパクトを与えましょう。PowerPointでは、Excelと
同じ感覚でかんたんにグラフを作成できます。

超重要

1 「挿入」タブの「グラフ」をクリック

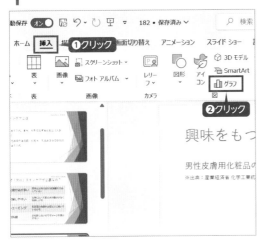

男性向け化粧品の市場規模が右肩上がりに大きくなっていること
を、折れ線グラフで表現しようと思います。まずは、❶「挿入」タブの❷
「グラフ」をクリックします。

2 グラフの種類を選択する

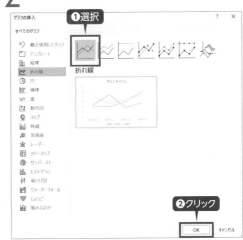

「グラフの挿入」ダイアログボックスが表示されます。❶作成したいグ
ラフを選択し、❷「OK」をクリックしましょう。今回はもっとも基本的な
折れ線グラフを選択しました。

3 グラフのデータを入力する

スライドの前面にExcelの画面が表示されるので、❶グラフとして作
成したいデータを入力します。入力が完了したら、❷「×」をクリックし
て画面を閉じましょう。

4 グラフのサイズを調整する

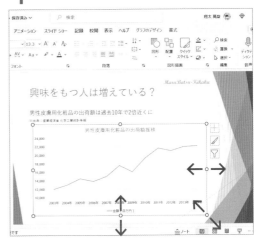

これでグラフが完成しました。初期状態ではグラフが大きすぎるので、
「○」をドラッグしてグラフのサイズを調整しましょう。グラフをダブルク
リックすると、編集を再開できます。

Excelですでに作ったグラフがある
場合は、そのグラフをコピペすること
でもスライドにグラフを追加できます。

PowerPointを使いこなす

PowerPoint

183

テーマの設定

スライドの
テーマを選択する

新しいプレゼンテーションを作るときは、まず新規作成画面で**テーマを選びましょう。**
スライドをゼロから作りたいときは、「**新しいプレゼンテーション**」がおすすめです。
真っ白なスライドが作成されます。

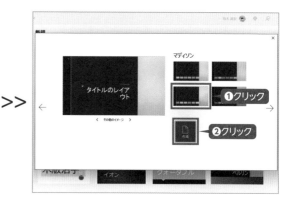

PowerPointを起動すると、最初にこの画面が表示されます。表示されない場合は「ファイル」→「新規」をクリックしましょう。この画面で、新しいスライドのテーマをクリックします。

テーマの中には色のパターンがいくつか用意されているものもあります。❶使いたい色を選択し、❷「作成」をクリックすると、選択したテーマで新しいスライドが作成されます。

184

テンプレート

オンラインの
テンプレートを利用する

スライドのイメージが決まらない場合は、オンラインのテンプレートを参考にしてみるのもよいでしょう。スライドの新規作成画面で検索ボックスに**キーワードを入力する**と、テンプレートを探せます。

リボンの「ファイル」タブ→「新規」をクリックし、新規作成画面を表示しましょう。画面上部の検索ボックスに検索したいキーワードを入力し、Enterキーを押します。

キーワードに関連するスライドのテンプレートが表示されました。使いたいテンプレートをクリックして、「作成」ボタンをクリックすると、新しいスライドが作成されます。

185

テーマ

特定のページだけ
別のテーマを適用する

PowerPointのテーマはスライド全体に適用されますが、**特定のスライドだけ別の**テーマを適用することも可能です。**複数のテーマを適用することで、デザイン性の高いスライドを作成できます。**

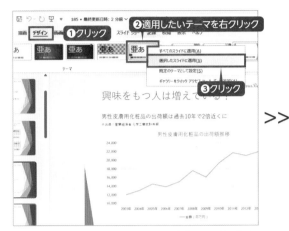

テーマ変更したいスライドを表示した状態で❶「デザイン」タブに切り替えます。❷適用したいテーマを右クリックし、❸「選択したスライドに適用」をクリックしましょう。

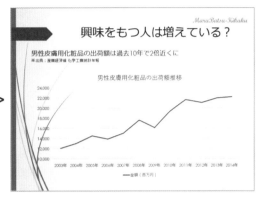

選択中のスライドだけにテーマが適用されます。

186

テーマの配色変更

テーマの配色を変えて
コーポレートカラーに合わせる

超重要

テーマの配色を**コーポレートカラー**に合わせたいときは、**配色パターンを変えてみましょう。**好きな配色パターンを選択すれば、背景・罫線・フォントの色がまとめて変更されます。

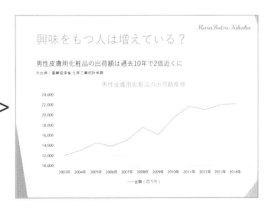

❶「デザイン」タブに切り替えて「バリエーション」グループの ▽ →❷「配色」の順にクリックします。❸一覧から適用したい配色パターンをクリックしましょう。

テーマの配色が、手順01で選択した配色パターンに変更されます。

187

パワポにデザインのアイデアを提案してもらう

デザインアイデア

スライドのデザインを自分で一から考えるのは時間がかかります。**一工夫したデザインにしたいなら、「デザイナー」機能を使いましょう。**テーマとはひと味違う**お洒落なデザインをAIが提案してくれます。**

❶「デザイン」タブに切り替えて、❷「デザイナー」をクリックします。右側のウィンドウに提案されたデザインの一覧が反映されるので、❸適用したいデザインをクリックしましょう。

選択したデザインがスライドに適用されます。

188

スライドの背景に写真を敷く

背景

スライドの背景には、**パソコンに保存した写真を適用することも可能です。**「JPG」「PNG」など一般的なファイル形式がサポートされています。写真を背景に設定すると、スライドに合わせたサイズへ自動的に変更されます。

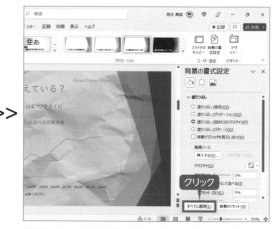

「デザイン」タブに切り替えて、❶「背景の書式設定」をクリックします。続いて、❷「塗りつぶし（図またはテクスチャ）」を選択し、❸「挿入する」をクリックします。❹「図の挿入」ダイアログで「ファイルから」をクリックし、背景に適用したい写真を選択しましょう。

選択中のスライドの背景に、手順1で設定した写真が適用されます。すべてのスライドに適用したい場合は、「すべてに適用」をクリックしましょう。

PowerPoint

189

画面表示の切り替え

画面の表示を
アウトラインに切り替える

PowerPointでは、編集中のスライドが右側に、左側に作成したスライドの一覧が表示されます。この表示はリボンの「表示」タブで切り替えることができます。骨子を練るときは（テク181で紹介）、「**アウトライン表示**」に切り替えて作業しましょう。

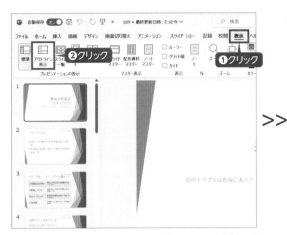

>>

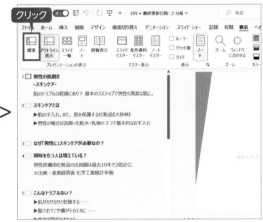

本章の冒頭で紹介したアウトライン表示を利用するには、❶「表示」タブの❷「アウトライン表示」をクリックします。

画面の左のスライド一覧がアウトライン表示に切り替わります。元のスライド一覧に戻したいときは、「表示」タブの「標準」をクリックしましょう。

190

アウトラインモード

アウトラインモードで
スライドの順番を入れ替える

アウトラインモードでは、タイトル部分の□や▶アイコンをドラッグすることで、自由に**順番を入れ替える**ことができます。ひととおり紹介したいネタを入力し終えたら、きれいに話がつながるよう順番を入れ替えて、ストーリーを組み立てていきましょう。

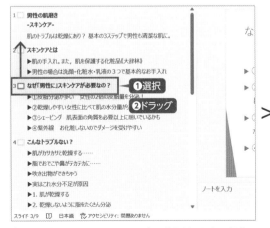

>>

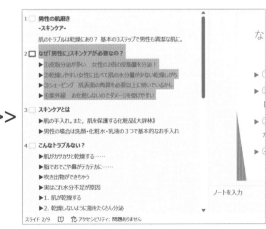

❶画面の表示をアウトラインモードに切り替えたら、タイトル部分の□アイコンにマウスポインターをあわせ、❷移動したいところまでドラッグします。

スライドの順番が入れ替わりました。▶アイコンをドラッグすると、箇条書きの順番を変えたり、別のスライドに移動したりすることもできます。

191 すべてのスライドに会社のロゴを追加する

スライドマスター

スライドの上部や下部に**会社のロゴ画像を入れたい**という要望、よくありますよね。こんなとき一つ一つのスライドに画像を挿入するのは手間です。スライドマスターに画像を追加しておけば、**一度の操作ですべてのスライドに反映できる**ので便利です。画像の代わりにテキストを入れることもできます。

1 スライドマスターに切り替える

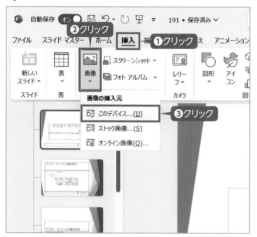

「表示」タブの「スライドマスター」をクリックして、スライドマスターを表示し、❶「挿入」タブの❷「画像」→❸「このデバイス」をクリックします。

2 ロゴ画像を選択する

「画像の挿入」ダイアログボックスが表示されます。❶スライドに追加したい画像を選択し、❷「挿入」をクリックしましょう。

3 画像のサイズと位置を調整する

スライドマスターに画像が追加されます。画像のサイズと位置を調整しましょう。ロゴ画像は基本的にスライドの上部、もしくは下部に配置し、内容の邪魔にならないようにします。

4 元の画面で確認する

「スライドマスター」タブの「マスター表示を閉じる」をクリックして元の画面に戻ると、スライドの右上にロゴ画像が追加されていることがわかります。

ロゴ画像の位置を変えたいときは、もう一度スライドマスターに表示を切り替えて調整しましょう。

PowerPoint

192
フッター

スライドの下部に
ページ番号をつける

スライドにページ番号がないと、聞き手が後で配布資料を見返すときに順番がわからなくなってしまいます。印刷する前に、スライドの下部（フッター）にページ番号を付けておきましょう。なお、PowerPointではページ番号のことを「**スライド番号**」といいます。

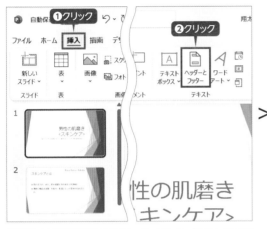 >>

❶「挿入」タブに切り替えて、❷「ヘッダーとフッター」をクリックします。

「ヘッダーとフッター」ダイアログで❶「スライド番号」にチェックを付け、❷「すべてに適用」をクリックするとスライド全体にページ番号が反映されます。

193
フッター

表紙のスライド番号を
非表示にする

テク192では、すべてのスライドにページ番号を表示させました。しかし、**表紙にまでページ番号が反映される**のでデザインの見栄えが悪くなります。このような場合は、表紙だけページ番号を非表示にしておきましょう。

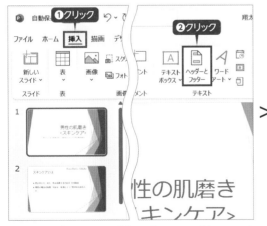 >>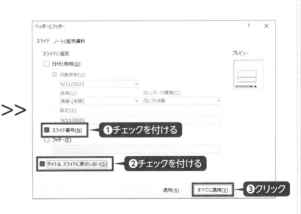

❶「挿入」タブに切り替えて、❷「ヘッダーとフッター」をクリックします。

「ヘッダーとフッター」ダイアログで❶「スライド番号」と❷「タイトルスライドに表示しない」にチェックを付け、❸「すべてに適用」をクリックすると表紙を除いたスライド全体にページ番号が反映されます。

194

スライドの追加

作成中のプレゼンテーションに 新しいスライドを追加する

スライドを作り始めてから、2つのスライドに分けたくなったときは、「挿入」タブの「新規スライド」をクリックし、新しいスライドを追加しましょう。また、Ctrl＋Enterキーを押すことでも、新しいスライドを作成できます。

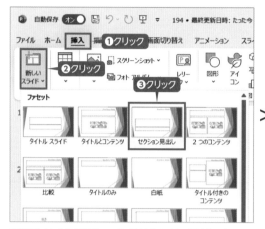

❶「挿入」タブの❷「新しいスライド」をクリックし、❸追加したいスライドの種類（ここでは「セクション見出し」）をクリックします。

表示していたスライドの後ろに、新しいスライドが追加されました。スライドマスターで文字サイズを変更しておけば、新しいスライドにも設定が反映されます。

（ 基本 ）

195

順番の入れ替え

スライドの順番を 入れ替える

作成途中で話の展開を変えたくなったら、**スライドの順番を調整**しましょう。画面左のスライドの一覧から移動したいスライドを選択し、**ドラッグするだけで順番を変えられ**ます。また、複数のスライドを選択すれば、一度にまとめてスライドを移動できます。

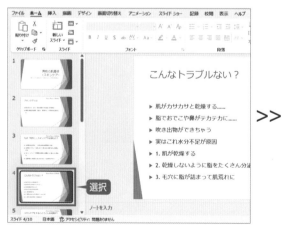

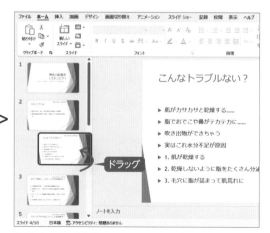

入れ替えたいスライドを選択します。Shiftキーを押しながら、別のスライドをクリックすると、1つ目と2つ目の間にあるスライドをまとめて選択できます。

選択したスライドを移動したいところまでドラッグします。複数のスライドを選択していると、そのスライドをまとめて移動することができます。

PowerPoint

196
スライドの削除

不要なスライドは
思い切って削除する

本当に伝えたいことには関係ないと判断したら、思い切って**スライドごと削除**してしまいましょう。スライドの削除は、**画面左のスライド一覧**から行います。特定のスライドを一時的に使わない場合は、非表示の設定がおすすめです（テク207参照）。

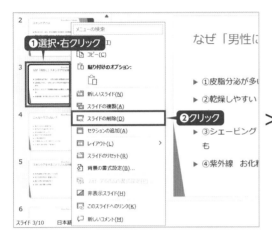
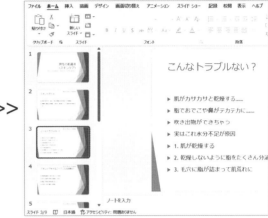

削除したいスライドを選択後、❶選択したスライドを右クリックし、❷「スライドの削除」をクリックします。

選択したスライドが削除されます。手順1で複数のスライドを選択していれば、まとめてスライドを削除することも可能です。

197
箇条書きの設定

箇条書きの記号を
数値に変える

アウトラインモードで入力したテキストは、自動的に箇条書きとして設定されます。「**おすすめの理由3つ**」のように紹介する場合は、**数字の箇条書き**にしたいですよね。箇条書きの行頭記号を「1.」「2.」などの数字に変更するには、≡ をクリックしましょう。

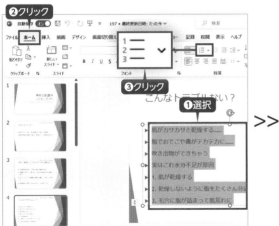

3つの要素を番号付きの箇条書きで表現してみましょう。❶行頭記号を変更したい箇条書き部分を選択し、❷「ホーム」タブの❸ ≡ をクリックします。

箇条書きの行頭が番号に変更されました。≡ ボタンの「▼」をクリックすると、丸数字やローマ数字など、その他の表示形式を選べます。

198

箇条書きの解除

箇条書きを解除して
通常のテキストとして見せる

図や写真、箇条書きの補足として見せたい文章は、箇条書きの行頭記号自体が不要です。こうした通常の文章として見せたいところは、箇条書きのアイコン ≣ をクリックして、箇条書きを解除しましょう。≣ を再度クリックすれば、箇条書きの状態に戻ります。

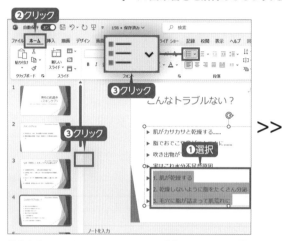 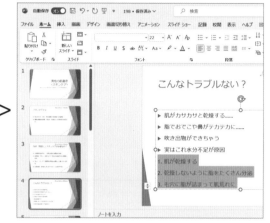

❶箇条書きを解除したいテキストを選択し、❷「ホーム」タブの❸ ≣ をクリックします。

箇条書きが解除され、行頭記号が消えました。文字サイズを少し小さくすると、より補足らしく表現できそうですね。箇条書きに戻したいときは、再度 ≣ をクリックします。

199

プレースホルダー
の設定

文字の大きさが
自動で調整されないようにする

長い文章を入力すると、文字のサイズが自動で縮小されます。しかし、ページによって文字サイズが変わるのは好ましくありません。多少プレースホルダー（テキストを入力する枠のこと）からはみ出してもよいなら、自動調整をオフで、文字のサイズを維持できます。

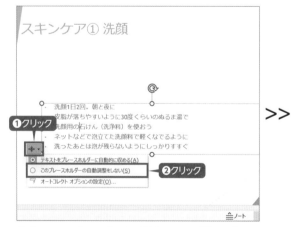 

❶プレースホルダーの下部にある ⁕ をクリックし、❷「このプレースホルダーの自動調整をしない」をクリックします。

文字のサイズが元通りになりました。その代わりにプレースホルダーからはテキストが多少はみ出しています。大幅にはみ出すようなら、文字数を減らすか、スライドを分けましょう。

200

表の作成

表で情報を
整理する

数値を比較したり、複数の情報を整理したりして見せたいときは、文章でだらだら説明するよりも、**表が効果的**です。PowerPointでは、「挿入」タブの「表」をクリックすることで、スライドに表を追加できます。表の初期設定の文字サイズは小さいので、適切な大きさに調整しておきましょう。

1 表のサイズを選択する

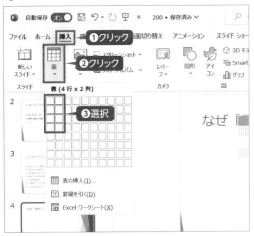

2列4行の表を作って、情報を整理して解説します。まずは❶「挿入」タブの❷「表」をクリックし、❸作りたい表のサイズを選択します。

2 テキストを入力する

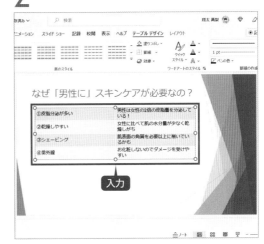

表が作成されるので、テキストを入力します。最初のセルの入力が終わったら、Tabキーを押しましょう。マウスでいちいちクリックしなくても、次のセルに移動できます。

3 表のサイズを調整する

初期状態では表が小さく、見やすくありません。表の枠をドラッグし、行の高さと列の幅を調整しましょう。特に行の高さは余裕を持たせたほうが読みやすくなります。

4 文字のサイズを調整する

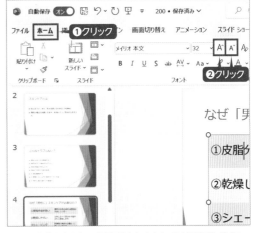

最後に文字を大きくして視認性を高めます。表を選択後、❶「ホーム」タブの❷ A A をクリックし、文字のサイズを調整しましょう。

表や文字サイズを適切なサイズに調整してみよう！

201

グラフの書式設定

グラフの見栄えを整える

グラフの視認性が悪い、スライドのイメージと合わないと感じるなら、デザインを変えてみてはいかがでしょう。グラフ選択後、「**グラフのデザイン**」タブからデザインを設定できます。また、グラフ内の特定の要素を選択して、色を変えるといったことも可能です。

>>

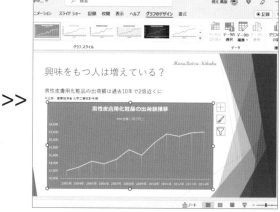

❶グラフを選択し、❷「グラフのデザイン」のタブをクリック。「グラフスタイル」グループで、試したいグラフのデザインをクリックしてみましょう。

グラフのデザインが変更されました。見やすければ、このままでOKです。ほかのデザインを検討したい場合も、1クリックで変更できるので、気軽に試してみましょう。

202

アプリの起動

Excelの表やグラフを流用する

Excelで作った表やグラフをコピーして、PowerPointに貼り付けると、表やグラフをかんたんに流用できます。表やグラフ作りの手間が省けて時短にもつながります。貼り付けるときは、PowerPointに**データごと埋め込む**方法をおすすめします。

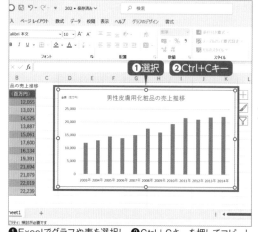

>>

❶Excelでグラフや表を選択し、❷Ctrl+Cキーを押してコピーします。

PowerPointに切り替え、Ctrl+Vキーを押すと、スライドにグラフや表が貼り付けられます。

203

ノート

ノートに話す内容を
メモしておく

プレゼンで話す内容を完全に頭に入れておくのは至難の業です。そこで「ノート」を活用しましょう。ノートは、**発表者にしか見えないカンニングペーパーのようなもの。**出力先の画面には表示されないので、プレゼン本番でも安心して確認できます。

>>

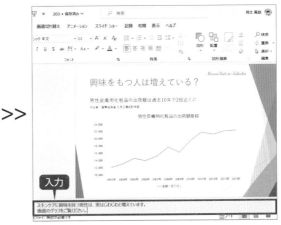

発表時に話すことをノートにメモしておきましょう。画面下部の「ノート」をクリックします。

スライドの下部にノートが表示されます。ノートをクリックすると、テキストを入力できる状態となります。

204

スライドの非表示

使わないスライドを
非表示にしておく

発表時間が急遽短くなった都合で内容を一部カットせざるを得ない……こんなときは**スライドを一時的に非表示にしましょう。**スライドショー実行時にだけ対象のスライドがスキップされるので、次回の発表時に再利用できます。

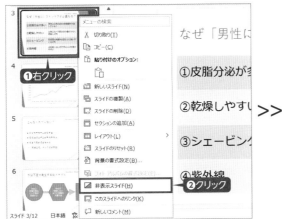

>>

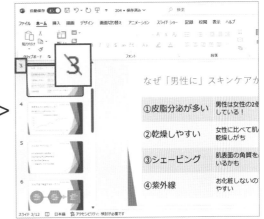

❶スキップしたいスライドを右クリックし、❷「非表示スライド」をクリックします。

対象のスライドの番号に斜線が引かれました。これが非表示になった状態です。スライドショーを開始すると、このスライドはスキップして、次のスライドが表示されます。

205

スライドショー

プレゼンテーションを開始する

資料の準備が整ったら、リハーサルをしておきましょう。「スライドショー」タブの「**最初から**」をクリックすると、プレゼンテーションを開始します。パソコンにプロジェクターや外部ディスプレイを接続している場合は、パソコン側には**ノート**（テク203参照）や次のスライドなどの情報が表示されるので、手元の資料を参考に発表しましょう。

1 プレゼンテーションを開始する

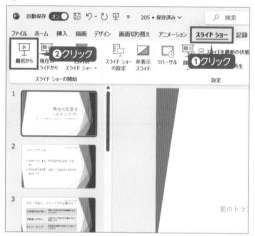

発表の準備が整ったら、いよいよプレゼンテーションの開始です。❶「スライドショー」タブの❷「最初から」をクリックしましょう。

2 プレゼンテーション時の画面が表示される

最初のスライドが全画面表示されます。

3 前後のスライドを表示する

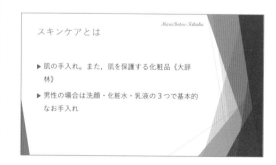

スライドショー表示中は、カーソルキーの「→」を押すと次のスライド、「←」を押すと前のスライドを表示できます。

Tips

「発表者ツール」を使ってみよう

スライドショー中に画面上を右クリックし、「発表者ツールを表示」をクリックすると、発表者ツールが表示されます。画面の左には現在表示しているスライド、画面の右には次のスライドとノートが表示されます。前後のスライドに切り替えたり、レーザーポインターを使用したりなど（テク206参照）、スライドショーを細かく操作したいときに使うと便利です。

途中でスライドショーを中断したいときは、Escキーを押しましょう。

PowerPoint

206

スライドショー

注目箇所を
レーザーポインターで指す

スライドのある箇所に注目してもらいたいときは、**レーザーポインター機能**を使うと便利です。PowerPoint上でレーザーポインター風のカーソルを表示するだけなので、実際にレーザーポインターを用意する必要がありません。

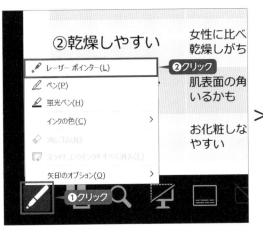
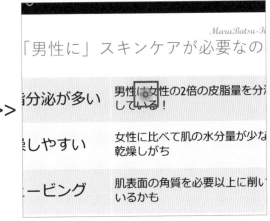

レーザーポインター機能はスライドショー再生時にのみ利用できます。テク205を参照して発表者ツールを表示したら、❶ ☑ →❷「レーザーポインター」をクリックします。

レーザーポインター風のアイコンが表示されます。マウスを動かせば、レーザーポインターが一緒に動きます。強調したい数字やポイントをこのアイコンで指しましょう。

207

印刷設定

スライド4ページ分を
1枚の用紙に印刷する

プレゼンテーション資料を紙で配布する場合、**1枚に複数のスライドを印刷**することがよくあります。PowerPointでは、印刷設定画面でかんたんにこの設定が行えます。文字のサイズにもよりますが、**A4用紙1枚につき4スライド**くらいがちょうどよいでしょう。

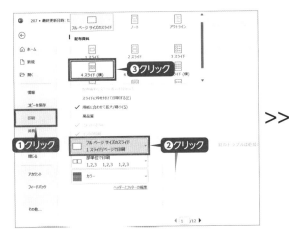
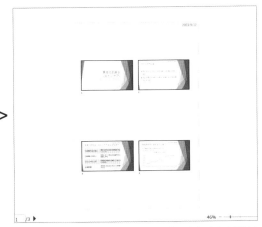

リボンの「ファイル」をクリックし、❶「印刷」をクリックして、❷「フルページサイズのスライド」→❸「4スライド（横）」をクリックします。

これで、1枚の用紙に4つのスライドが印刷されます。あわせて用紙の印刷方向を「横方向」に設定しておきましょう。あとは「印刷」ボタンをクリックするだけです。

208 図形を手早く複製する

図形の複製

箇条書きを2段組にしたり、同じデザインの図を1つの
スライドの中に複数作ったりするときは、図形の複製
機能が便利です。**Ctrlキー**を押しながら対象の図形を
ドラッグすると、その図形を複製することができます。

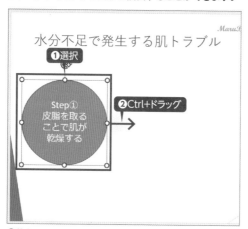

❶複製したい図形を選択し、❷Ctrlキーを押しながらドラッグしま
す。マウスのボタンから指を離すと、選択していた図形が複製され
ます。

209 図形を垂直・水平に複製する

図形の複製

図形をドラッグするとき、Shiftキーを押すと水平・
垂直に移動することができます。そして、**Ctrlキー**と
Shiftキーを同時に押しながら**ドラッグ**すると、図形を
水平・垂直に複製できます。

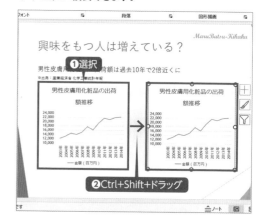

❶複製したい図形を選択し、❷ShiftキーとCtrlキーを押しながら
ドラッグします。マウスのボタンから指を離すと、選択していた図形
が複製されます。

210 正方形や正円を正確に描く

（ 基本 ）

超重要

図形の描画

図形の作成機能を使うとき、**Shiftキー**を押しながらド
ラッグすると、正方形や正円を作成できます。作成済
みの図形はShiftキーを押しながらドラッグすると、元
の比率を保ったまま拡大・縮小が可能です。

図形の作成ツールで四角形を選択し、Shiftキーを押しながらド
ラッグすると、正方形が作成できます。円を選択すると、同じ方法
で正円が作成できます。

211 垂直な線や水平な線を書く

（ 基本 ）

超重要

水平線・
垂直線の描画

水平・垂直な線や矢印を書くときも、**Shiftキー**を押
しながらドラッグします。一度作成した線や矢印も、
Shiftキーを押しながらドラッグすることで、現在の角
度を保ちながら長さを調節できます。

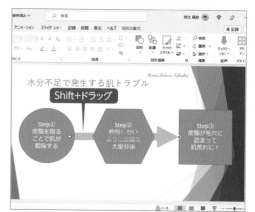

図形の作成ツールで直線もしくは矢印を選択し、Shiftキーを押し
ながらドラッグすると、水平線もしくは垂直線を作成できます。

PowerPoint

212 図形の重なりを直す

図形を背面に移動する

あとから作った矢印などの図形が、文字の上に重なって読みづらいこと、ありませんか？　図形には**重なり順**があり、同じ位置に配置された図形はどちらかが前面に来ます。こんなときは、文字の上に重なった図形を**背面に移動**させましょう。

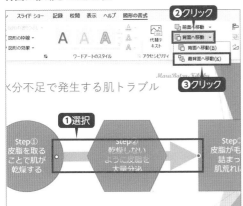

❶背面に移動したい図形を選択し、❷「図形の書式」タブの「背面へ移動」→❸「最背面へ移動」をクリックします。矢印がいちばん後ろに移動し、ほかの図形にかぶらなくなります。

213 図形の配置を微調整する

図形の位置調整

PowerPointでは、図形のサイズや位置を調整するとき、ほかの図形の端や中央に沿うようにカーソルが移動します。この機能を一時的にオフにするには、**Altキーを押しながらドラッグ**します。少しだけ隣の図形から離したいときなどに便利な機能です。

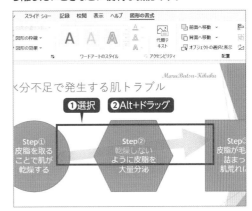

❶配置を調整したい図形を選択後、❷Altキーを押しながらドラッグします。ガイドに吸着しなくなるので、より細やかな調整が可能になります。

214 図形をまとめて選択する

図形の選択

複数の図形を選択しておくと、書式の設定や移動がまとめて行えます。選択は**Shiftキーを押しながら図形をクリック**するか、ドラッグ時に表示される**グレーのボックス**で図形を囲うと行えます。

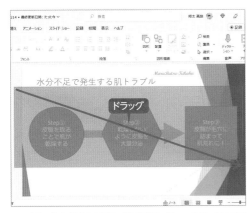

スライドの空白部分からドラッグを開始し、グレーのボックスで図形を囲うと、ボックス内の図形がまとめて選択されます。図形の一部を覆うだけだと選択できないので注意しましょう。

215 図形をまとめて扱う

図形のグループ化

超重要

グループ化を行うと、複数の図形を1つの図形として扱えるようになります。移動や書式の設定も、グループ化した図形全体に反映されます。複数の図形を組み合わせた複雑な図を扱うときに便利です。

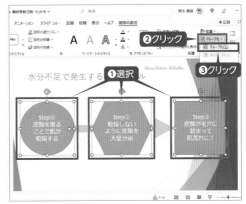

❶グループ化したい図形を選択し、「図形の書式」タブで❷グループ化→❸「グループ化」をクリックします。これで、選択していた図形を1つの図形として扱えるようになります。

216

図として保存

作った図形を
ファイルとして保存する

PowerPointで複数のオブジェクトを組み合わせて作成した図形は、**画像ファイル**として保存することも可能です。画像化しておけば、PowerPointはもちろん**Word**や**Excel**の資料にも貼り付けできます。

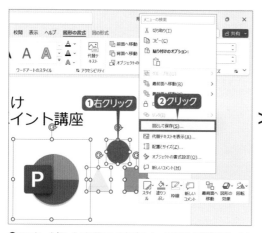

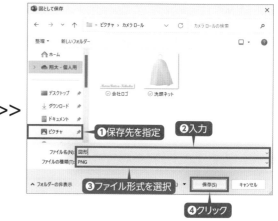

❶Ctrlキーを押しながら図として保存したい図形を複数選択して右クリックし、❷「図として保存」をクリックします。

❶図形の保存先を指定し、❷「ファイル名」に名前を入力します。❸「ファイルの種類」からファイル形式を選択し、「保存」をクリックします。

217

スマートアート

スマートアートの色を
変更する

スマートアートをほかの色に変更したい場合は、「**色の変更**」機能を使います。一覧から変更したい配色を選択すれば変更されます。なお、スマートアートの色を変更してもスライドテーマの配色には影響しません。

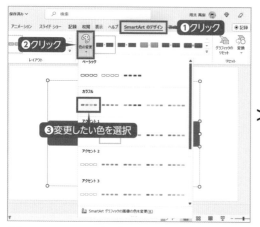

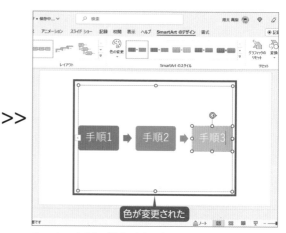

❶「SmartArtのデザイン」タブをクリックして切り替え、❷「色の変更」をクリックします。❸一覧から変更したい色をクリックします。

スマートアートの色が設定した色に変更されました。

PowerPoint

218 スライドショーで次のページを表示する

スライドショー

スライドショー表示中はカーソルキーで前後のページを表示できますが、キーが近いので押し間違えが怖いですよね。次のページは**Enterキー**で表示することもできます。押し間違えのしにくいこちらがおすすめです。

スライドショー表示中にEnterキーを押すと、次のページを表示できます。全画面表示中であれば、スペースキーを押すことでも次のスライドを表示することができます。

219 スライドショーで前のページに戻る

スライドショー

前のページに戻るときも、万が一の操作ミスを防ぐためにカーソルキーの利用は控えましょう。おすすめは、Enterキーやスペースキーと遠い位置にある**Backspaceキー**です。このキーでも前のページに戻ることができます。

スライドショー表示中にBackspaceキーを押すと、前のスライドを表示します。

220 指定したページにジャンプする

ページ移動

質疑応答で「ではもう一度9枚目のスライドを見てみましょう」なんてときに、**9→Enterキー**の順番でキーを押すと、一発で9ページ目を表示できます。使いこなすととてもかっこいいテクニックです。

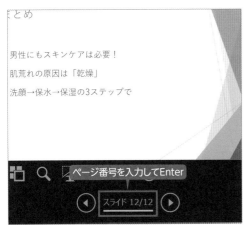

表示したいスライドのページ番号を入力後、Enterキーを押すと、そのページ番号のスライドを表示できます。どのスライドがどの番号かは、あらかじめ頭に入れておきましょう。

221 現在のスライドをプレビューする

プレビュー

スライド作成中に、プレゼンテーション時にどのように見えるか確かめたいときは、「スライドショー」タブの「**現在のスライドから**」をクリックすると、現在のページからスライドショーを表示できます。

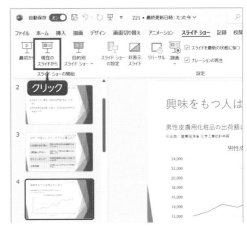

「スライドショー」タブの「現在のスライドから」をクリックします。この機能はShift＋F5キーでも利用できます。アニメーションをテストしたいときなどに便利な機能です。

2024年最新改訂版!

ワード
エクセル
パワーポイント
基本の使い方が
ぜんぶわかる本

企画・制作
スタンダーズ株式会社

表紙・本文デザイン
高橋コウイチ(wf)

本文DTP
関口 忠

ライティング
澤田竹洋(浦辺制作所)
大森沙織

印刷所
株式会社シナノ

発売所
スタンダーズ株式会社
〒160-0008 東京都新宿区
四谷三栄町12-4 竹田ビル3F
営業部 ☎03-6380-6132
(書店様向け)注文FAX番号
03-6380-6136

編集人
内山利栄

発行人
佐藤孔建

https://www.standards.co.jp